일빵빵 + 가장 많이 쓰는 여행영어

일빵빵
가장 많이 쓰는 여행영어

초판 제1쇄   2019년 6월 24일
초판 제11쇄   2024년 12월 31일

저자   서장혁
펴낸이   서장혁
기획편집   이경은
디자인   조은영
주소   서울 마포구 양화로 161 727호
TEL   1544-5383
홈페이지   www.tomato4u.com
E-mail   support@tomato4u.com
등록   2012.1.11.
ISBN   979-11-85419-95-4 14740

일빵빵

가장 많이 쓰는

여행영어

· 서장혁 지음 ·

토마토
출판사

강의는 일빵빵 공식 유튜브 채널을 통해 무료로 들을 수 있습니다.

유튜브 검색창에
"일빵빵"을 검색해서 강의를 청취하세요.

'가장 많이 쓰는' 시리즈는 「입에 달고 사는 기초영어」를 모두 학습하신 후
공부하시면 더욱 큰 효과를 보실 수 있습니다.

들어가며

한국에서 안 배운 표현인데?

평소에 아무리 영어를 쓸 일 없는 사람이라도 해외여행은 한 번쯤 가는 시대가 왔습니다. 가이드와 떠나는 여행도 좋지만 언젠가는 용기를 내서 친구, 가족, 혹은 혼자서 떠나는 자유 여행을 꿈꾸어봅니다. 이때 가장 부담스러운 것은 역시 여행 중 만나는 현지인과의 의사소통 문제입니다. 이상하게도 내가 공부했던 영어 회화나 단어가 현지에서 잘 통하지 않는 경우가 있죠. 그것은 바로 현지에서만 쓰는 표현과 단어가 따로 있기 때문입니다. 그러면 단기간 가는 해외여행을 위해 영어 공부를 처음부터 다시 해야 할까요?

〈일빵빵 가장 많이 쓰는 여행영어〉는

해외여행 중 반드시 사용하게 될 문장 유형 60가지와 꼭 알아두어야 할 필수 단어들만 따로 추렸습니다. 호텔 체크인부터 식당 이용하기, 쇼핑하기, 관광하기 등, 여러분이 여행 중 사용하게 될 영어 회화는 오히려 일정한 패턴으로 한정되어 있습니다. 본 교재에 나와 있는 60가지 문장만 잘 활용해도 출국부터 귀국까지 모든 과정에서 자유롭게 영어로 소통할 수 있습니다. 비행기 탑승부터 시간 순으로 현지 장소와 상황에 따라 회화 표현이 어떻게 쓰이는지 일빵빵과 함께 배워보시고, 추억에 남는 멋진 해외여행 되시길 바랍니다.

목차

2012년 6월 여름은 유난히 무더웠습니다.
대한민국의 영어 교육 환경을 바꿔보고자
아무도 가지 않은 길에 발을 내딛었습니다.
너무도 멀어 보였지만
그래도 행복하고 뿌듯했습니다.
서로 보지 못하고 알지 못했지만
어느새 유대가 돈독해진 팟캐스트 청취자 분들과
일빵빵의 역사를 함께 해주신 독자 분들에게
이 '가장 많이 쓰는' 시리즈를 바칩니다.

2019년 서장혁

· PART 1 ·
가장 많이 쓰는
질문 유형

1 **Can I + 동사원형 ~ ?**   ~ 할 수 있나요?

Can I get a late check-out?

체크아웃 시간보다 좀 늦게 나갈 수 있나요?

2 **May I + 동사원형 ~ ?**   ~ 할 수 있나요?

May I go in first?

제가 먼저 들어가도 될까요?

3 **Can you + 동사 ~ ?**   ~ 해줄 수 있나요?

Can you take out my baggage?

짐 좀 꺼내주시겠어요?

4 **Could you (please) + 동사원형 ~ ?**   ~ 해주실래요?

Could you (please) recommend something to share?

같이 먹을 수 있는 걸로 추천해주실래요?

5 **Would you (please) + 동사원형 ~ ?**   ~ 해주실래요?

Would you (please) open the trunk?

트렁크를 열어주시겠어요?

6 **Would you mind + ~ing ~ ?**　　　~ 해주시겠어요?

Would you mind keeping your seat upright?
좌석 좀 똑바로 세워주시겠어요?

7 **Do you + 동사원형 ~ ?**　　　~ 하시나요?

Do you take walk-ins?
예약 없이 가도 되나요?

8 **Does it ~ ?**　　　~ 인가요?

Does it include breakfast?
조식 포함인가요?

9 **Do I have to ~ ?**　　　~ 해야 하나요?

Do I have to make a reservation?
혹시 예약을 해야 하나요?

10 **Do I need (to) ~ ?**　　　~ 해야 하나요?

Do I need the boarding pass?
제 항공권도 있어야 하나요?

11 **Should I + 동사원형 ~ ?** ~ 해야 하나요?

Should I buy the ticket in advance?

티켓을 미리 구입해야 하나요?

12 **Is it/the/this ~ ?** 이건 ~ 인가요?

Is it on sale?

세일 중인가요?

13 **Are you ~ ?** ~ 인가요?

Are you in line?

줄 서신 거 맞나요?

14 **Is there a/an/any ~ ?** ~이 있나요?

Is there an airport shuttle bus?

공항 셔틀버스가 있나요?

15 **Are there any + 명사 ~ ?** ~ 있나요?

Are there any spaces for luggage?

짐 놓는 공간이 따로 있나요?

16 **How long ~ ?**   얼마나 걸리나요?

How long does it take from here?
여기서 얼마나 걸려요?

17 **How often ~ ?**   얼마나 자주 ~ 인가요?

How often does it run?
얼마나 자주 운행되나요?

18 **How many** + (명사) ~ ?   몇 ~ 인가요?

How many stops to Chelsea Market?
첼시 마켓까지 몇 정거장 가야 하나요?

19 **How much** + (명사) ~ ?   ~은 얼마인가요?

How much is the fare to Brooklyn?
브루클린까지 요금이 얼마예요?

20 **How do I** + 동사원형 ~ ?   어떻게 ~ 하죠?

How do I recline my seat?
좌석은 어떻게 뒤로 넘기나요?

21 **When is ~ ?**   언제/몇 시에 ~ 있나요?

When is the next bus?
다음 버스는 언제인가요?

22 **When do/does ~ ?**   언제/몇 시에 ~ 있나요?

When does the boarding begin?
언제 탑승이 시작되나요?

23 **What is ~ ?**   ~는 무엇인가요?

What is the exchange rate today?
오늘 환율이 어떻게 되나요?

24 **What do/does ~ ?**   ~는 무엇인가요?

What do you recommend for a main dish?
메인 요리로 무엇을 추천하시나요?

25 **What + 명사 + is ~ ?**   몇 ~ 인가요?

What number **is** going to Times Square?
타임스스퀘어로 가는 버스는 몇 번인가요?

26 **What time ~ ?** 몇 ~ 인가요?

What time is the check-in?
체크인은 몇 시인가요?

27 **Where is + 명사 ~ ?** ~은 어디인가요?

Where is the Lost and Found?
분실물 센터는 어디에 있나요?

28 **Where can I + 동사원형 ~ ?** 어디에서 ~ 할 수 있나요?

Where can I get my tax refund?
세금 환급은 어디에서 받을 수 있나요?

29 **Where should I + 동사원형 ~ ?** ~ 하려면 어디에 ~ 해야 하나요?

Where should I line up for the immigration?
입국 심사를 하려면 어디에 줄을 서야 하나요?

30 **Which + 명사 ~ ?** 어느 ~ 인가요?

Which bus is going downtown?
시내로 가는 버스는 몇 번인가요?

· PART 2 ·

가장 많이 쓰는
대답 유형

31   **I have**   ~ 있어요.

I have something to declare.
신고할 것이 있어요.

32   **I think**   ~ 인 것 같은데요.

I think this is my seat.
제 자리인 것 같은데요.

33   **I feel (like)**   ~ 해요. / ~ 같아요.

I feel dizzy.
어지러워요.

34   **I need**   ~가 필요해요.

I need a twin bedroom.
트윈 베드룸 부탁합니다.

35   **I want (to + 동사) + 명사**   ~ 하고 싶어요.

I want to confirm my flight.
제 항공권을 확정하고 싶어서요.

36 **I would like (to + 동사) + 명사 = I'd like to** ~ 하고 싶어요.

I would like some ice cream.
아이스크림으로 할게요.

37 **I have to + 동사원형** ~ 해야 해요.

I have to get off at this station.
이번 역에서 내려야 해요.

38 **You can + 동사원형** ~ 하셔도 돼요.

You can take it away.
가져가셔도 돼요.

39 **I will + 동사원형 = I'll** ~ (로) 할게요.

I will take this.
이걸로 할게요.

40 **Let me + 동사원형** ~ 할게요.

Let me order a bit later.
잠시 후 주문할게요.

41　I am/We are

저는/우리는 ~ 이에요.

I am also a stranger here.
저도 여기 처음이에요.

42　I am (on) / ~ ing

~ 중이에요. / ~ 하려고요.

I am on a business trip.
출장 중이에요.

43　I am going to

~ 할 거예요.

I am going to have rib steak.
저는 등심스테이크로 주문할 거예요.

44　I am looking for

~를 찾고 있어요.

I'm looking for some new arrivals.
신상품을 찾고 있어요.

45　I am calling to

~ 하려고 전화했어요.

I'm calling to cancel my schedule.
항공 일정을 취소하려고 전화했어요.

46 **I am here for/to** ~ 하러 왔어요.

I'm here for a trip.
여행 때문에 왔어요.

47 **I have + (never) + p.p = I've** ~ 했어요. / (~ 안 했어요).

I have finished my meal.
식사 다 했어요.

48 **I had better + 동사원형 = I'd better** ~ 하는 게 낫겠어요.

I had better take the first one.
첫 번째 것으로 하는 게 낫겠어요.

49 **주어 + would be + 형용사** ~ 할 것 같아요.

Mashed potatoes **would be** good.
으깬 감자 요리가 좋겠어요.

50 **주어 + be too/so + 형용사** ~는 너무 ~ 해요.

The sleeves **are too** long.
소매가 너무 길어요.

51 **I don't/I didn't + 동사원형** ~ 아닌데요. / ~ 안 했어요.

I don't have a laptop in my bag.
제 가방에 노트북 없는데요.

52 **It does not + 동사원형** ~ 안 돼요.

It does not come very often during the weekends.
주말에는 자주 운행이 안 돼요.

53 **I can't + 동사원형** ~ 없어요. / ~ 안 돼요.

I can't access the internet.
인터넷 연결이 안 돼요.

54 **It/This is** ~ 이에요.

It is undercooked.
이거 덜 익었어요.

55 **It/This is + my** 제 ~ 이에요.

It is my first time abroad.
해외여행은 처음이에요.

56 명사, please
~로 해주세요.

One way, please.
편도로 해주세요.

57 Please 동사원형/동사원형, please.
~ 해주세요.

Take me straight to World Trade Center, please.
세계무역센터로 바로 가주세요.

58 Please do not + 동사원형
~ 하지 말아주세요.

Please do not wake me up at mealtime.
식사 시간에 깨우지 말아주세요.

59 There is/are + 명사
~이 있어요.

There are three including myself.
저까지 포함해서 3명이에요.

60 Here is/are + 명사
~ 이에요.

Here is my passport.
제 여권이요.

 항공권 예약하기
(전화 예약)

1 항공권 예약하기
(전화 예약)

입국수속

기내탑승

출국수속

숙소예약

항공권예약 ◎

☑ **가장 많이 쓰는 필수 문장**

I'm calling to **get a flight ticket to New York.**

→ 뉴욕행 항공권 구하려고 전화했어요.

May I **have a round trip ticket, please?**

→ 왕복표로 주시겠어요?

Is there a **non-stop flight to Boston?**

→ 보스톤행 직항 항공권이 있나요?

I'd like to **depart on the 5th of May.**

→ 5월 5일에 떠나려고요.

I'll **return on October 12th.**

→ 돌아오는 날짜는 10월 12일로 해주세요.

1 항공권 유무 확인

🔊 **Hello, this is Delta Airline.**
안녕하세요, 델타 항공입니다.

Hi, I'm calling to get a flight ticket to New York.
→ 네, 뉴욕행 항공권 구하려고 전화했어요.

Hi, can I get a seat to Chicago?
→ 네, 시카고행 항공권 있나요?

Hi, do you have a direct flight to London?
→ 네, 런던행 직항 항공권이 있나요?

Hi, I want to reserve a flight to New York.
→ 네, 뉴욕행 항공권 예약하고 싶어서요.

Hi, I'd like to book a flight to Seattle.
→ 네, 시애틀행 항공권 예약하고 싶어서요.

✔ 가장 많이 쓰는 여행 단어

get a flight ticket 항공권을 사다   **get a seat** 좌석을 구하다   **direct flight** 직항 항공편
reserve 예약하다   **book** 예약하다

❷ 출발 일정 확인

🔊 **Yes sir, when would you like to depart?**
네, 언제 출발하실 건가요?

I'd like to depart on the 5th of May.
→ 5월 5일에 떠나려고요.

I want to leave this Friday.
→ 이번 주 금요일에 출발하고 싶어요.

I want to get a seat on a flight to New York this weekend.
→ 이번 주말 뉴욕행 좌석을 구하고 싶어요.

Do you have any flights to New York tomorrow?
→ 혹시 내일 뉴욕행 비행기 있나요?

When is the next flight to Tokyo?
→ 도쿄행 다음 비행기는 몇 시에 있나요?

✅ **가장 많이 쓰는 여행 단어**

depart 떠나다   leave 떠나다   the next flight 다음 항공편

❸ 종류/일정 문의

🔊 **Sure. How would you like your ticket?**
네, 티켓은 어떻게 발권해드릴까요?

One way, please.
→ 편도로 해주세요.

May I get a round trip ticket, please?
→ 왕복표로 주시겠어요?

Can I get an open ticket?
→ 오픈 티켓으로 할 수 있나요?

I'd like to return on the 2nd of September.
→ 9월 2일에 돌아오고 싶어요.

I'll return on October 12th.
→ 돌아오는 날짜는 10월 12일로 해주세요.

✅ 가장 많이 쓰는 여행 단어

one way 편도   **round trip** 왕복   **open ticket** 돌아오는 날짜는 미정인 티켓
return on ~ ~ 일자에 돌아오다, 귀국하다

④ 등급 문의

🔊 **Which class would you like, sir?**
좌석 등급은 어떤 걸로 하시겠습니까?

First class, please.

→ 일등석으로 해주세요.

Business class, please.

→ 비즈니스석으로 해주세요.

Economy class, please.

→ 이코노미석으로 해주세요.

Business class for the outbound ticket, and economy class for the returning trip, please.

→ 갈 때는 비즈니스석으로 해주시고 올 때는 이코노미석으로 해주세요.

Can I have my seat upgraded to business class?

→ 비즈니스석으로 좌석 승급도 가능한가요?

✅ 가장 많이 쓰는 여행 단어

first class 일등석   **business class** 비즈니스석   **economy class** 일반석
outbound ticket 출발 항공권   **returning trip** 귀국 여행, 왕복 여행
have my seat upgraded to ~ 내 좌석을 ~ 등급으로 승급하다   **upgrade** 승급시키다

⑤ 마일리지 문의

🔊 **You can use your miles if you have.**
마일리지가 있으면 사용 가능합니다.

How much miles do I have?
→ 제 마일리지가 얼마나 있나요?

I would like to buy the ticket using my miles.
→ 그 항공권은 제 마일리지로 살게요.

How much miles do I need for an economy ticket?
→ 일반석은 마일리지 얼마가 있어야 하나요?

How much miles do I need for an upgrade to business class?
→ 비즈니스석으로 승급하려면 마일리지 얼마가 있어야 하나요?

Do you permit my family to pool our miles together?
→ 가족 마일리지 합산되나요?

✅ 가장 많이 쓰는 여행 단어

using my miles 마일리지를 사용하면서   **permit** 허락하다, 승인하다
pool our miles together 우리의 마일리지를 합산하다   **pool** 합산하다, 모으다

6 경로 문의

🔊 **Are you looking for a non-stop flight?**
직항 항공편으로 하시는 건가요?

Is there a **non-stop flight to Boston?**
→ 보스톤행 직항 항공편이 있나요?

Do you **have any non-stop flights?**
→ 직항 항공편이 있습니까?

I want to **have a layover in Chicago.**
→ 시카고에서 경유하길 원해요.

How long **is the layover in Hongkong?**
→ 홍콩에서의 경유 시간은 얼마나 되나요?

I'm **stopping over in Beijing on the way to Paris.**
→ 저는 파리 가는 길에 베이징에서 경유하려고요.

✅ 가장 많이 쓰는 여행 단어

non-stop flight 직항 항공편   **have a layover** (24시간 이내) 경유하다
stop over (24시간 이상) 경유하다   **on the way to ~** ~ 가는 길에 (도중에)

❼ 가격 문의

🔊 Would you like to pay, sir?
계산하시겠어요?

Can I pay later?
→ 나중에 계산해도 되나요?

Can I just hold the reservation?
→ 예약만 걸어놓을 수 있나요?

How much is business class during the peak season?
→ 성수기에 비즈니스 요금은 얼마인가요?

How much is first class during the off-season?
→ 비수기에 일등석은 얼마인가요?

How much is the seat upgrade later?
→ 나중에 좌석 승급을 하려면 얼마인가요?

✔ 가장 많이 쓰는 여행 단어

hold the reservation 예약을 걸어놓다   during the peak season 성수기 동안
peak season 성수기   during the off-season 비수기 동안   off-season 비수기

⑧ 좌석 배정

🔊 Do you have a seating preference?
선호하시는 좌석 있나요?

May I get the window seat?

→ 창가 좌석으로 주시겠어요?

Can I get the aisle seat?

→ 통로 좌석으로 주시겠어요?

Do you have a seat next to the emergency exit?

→ 비상구 옆에 자리가 있나요?

I'd like to sit together with my family.

→ 가족끼리 같이 붙여주세요.

I want to sit in the front.

→ 앞쪽에 앉고 싶어요.

✅ 가장 많이 쓰는 여행 단어

seating preference 좌석 선호 **preference** 선호. 애호, 우선권
get the window seat 창가 좌석으로 앉다 **get the aisle seat** 통로 좌석으로 앉다
emergency exit 비상구 **sit together** 나란히 앉다 **in the front** 앞쪽에

❾ 확정/변경

🔊 **How can I help you?**
무엇을 도와드릴까요?

I want to confirm my flight.
→ 제 항공권 확정하고 싶어서요.

Can you confirm my reservation?
→ 제가 예약한 걸 확인해주실 수 있나요?

Can I change the date for my flight?
→ 제 항공권 날짜 변경 가능한가요?

I'm calling to reschedule my flight.
→ 제 항공권 날짜를 변경하고 싶어요.

I would like to change my flight to tomorrow afternoon.
→ 제 항공권을 내일 오후 편으로 변경하고 싶어요.

✔️ 가장 많이 쓰는 여행 단어

confirm my flight 항공권을 확인하다   confirm 확실히 하다
confirm my reservation 예약을 확인하다   reschedule my flight 항공권 일정을 변경하다
change my flight to ~ 항공권을 ~로 변경하다

⑩ 취소

🔊 **What is your booking number?**
예약 번호가 어떻게 되시죠?

I'd like to cancel my flight.

→ 제 항공권을 취소하고 싶어요.

Can I cancel my reservation?

→ 항공 예약을 취소할 수 있나요?

I'm calling to cancel my schedule.

→ 항공 일정 취소하려고 전화했어요.

Do I have to pay a cancellation fee?

→ 취소하면 수수료를 내야 하나요?

How much is the cancellation fee?

→ 취소 수수료는 얼마인가요?

✓ 가장 많이 쓰는 여행 단어

cancel my flight 항공권을 취소하다   cancel my reservation 예약을 취소하다
cancellation fee 취소 수수료

날짜 말할 때 꼭 알아두어야 할 TIP

✈ 년도 말하기

1. **두 자리씩 끊어 말하세요. (2019년)**

   20 / 19   twenty nineteen

2. **2천 그리고 나머지 숫자를 말하세요. (2019년)**

   2000 + 19   two thousand (and) nineteen

   예) 2025   twenty twenty five

                              two thousand twenty five

✈ 요일 말하기

1. **'이번 주' 표현은 'this'를 사용하세요.**

   이번 주말   this weekend

   이번 주 화요일   this Tuesday

2. **'다음 주' 표현은 'next'를 사용하세요.**

   다음 주말   next weekend

   다음 주 화요일   next Tuesday

✈ 날짜 말하기

1. **날짜를 말할 때는 반드시 서수로 말하세요.**

   10월 1일   (미국식) October first

                              (영국식) the first of October

2. **'연도/날짜'를 말할 때는 '날짜/연도' 순으로 말하세요.**

   2020년 12월 5일   December fifth, two thousand twenty

                              the fifth of December, two thousand twenty

한 번 더 짚고
넘어가야 할 단어

항공사
airline

항공 일정표
itinerary

비행기
flight

항공권
flight ticket

항공 스케줄
flight schedule

최종 목적지
final destination

항공기 편명
flight number

좌석 번호
seat number

예약하다
book

예약하다
reserve

출발하다	돌아오다
depart / leave	**return**
성수기	비수기
peak season	**off-season**
직항 항공편	직항 항공편
direct flight	**non-stop flight**
(24시간 이상) 경유	(24시간 이내) 경유
stopover	**layover**
환승하다	환승편
transfer	**connecting flight**

편도	왕복
one way	**round trip**
돌아오는 날짜는 미정인 티켓	취소 수수료
open ticket	**cancellation fee**
일반석	비즈니스석
economy class	**business class**
일등석	프레스티지석
first class	**prestige class**
마일리지	승급
miles	**upgrade**

확인하다 **confirm**	취소하다 **cancel**
일정을 변경하다 **reschedule**	일정을 바꾸다 **change**
좌석 **seat**	비상구 **emergency exit**
창가 좌석 **window seat**	통로 좌석 **aisle seat**
붙여서 함께 앉다 **sit together**	앞쪽에 앉다 **sit in the front**

숙소 예약하기
(호텔 예약)

2 숙소 예약하기
(호텔 예약)

입국수속

기내탑승

출국수속

숙소예약

항공권예약

✓ 가장 많이 쓰는 필수 문장

Do you have any rooms for two adults?

→ 성인 두 사람 묵을 수 있는 방 있나요?

I'd like a double room.

→ 더블룸으로 부탁드려요

A higher floor room, please.

→ 고층 룸으로 부탁해요.

How much is it per night?

→ 1박에 얼마인가요?

What time is the check-in?

→ 체크인은 몇 시 인가요?

🔊 **Hello, this is Four Seasons Hotel.**
안녕하세요, 포시즌스 호텔입니다.

Do you have a room for this weekend?
→ 이번 주말에 방 있나요?

I'd like to book a room for January 19ᵗʰ.
→ 1월 19일에 방 예약하고 싶은데요.

Do you have any rooms from this Wednesday to Friday?
→ 수요일부터 금요일까지 방 잡을 수 있나요?

Do you have any rooms for two adults?
→ 성인 2명 묵을 수 있는 방 있나요?

Do you have vacancies for two adults and one kid?
→ 성인 2명과 아이 1명 묵을 수 있는 빈방 있나요?

✅ **가장 많이 쓰는 여행 단어**

book a room 방을 예약하다   **have vacancies** 빈방이 있다   **vacancies** (호텔 등의) 빈방

⑫ 방 종류 문의

🔊 **Yes, we have, sir.**
What kind of room would you like?

네, 있습니다. 어떤 종류의 방을 원하시나요?

I'd like a single room.

→ 싱글룸으로 부탁드려요.

I'd like a double room.

→ 더블룸으로 부탁드려요.

I need a twin bedroom.

→ 트윈 베드룸 부탁합니다.

A double room, please.

→ 더블룸으로 주세요.

Do you have any extra bed for the kid?

→ 아이용 간이 침대를 놓을 수 있나요?

✓ 가장 많이 쓰는 여행 단어

single room 싱글룸 (1인용 1침대)　　**double room** 더블룸 (2인용 1침대)　　**twin room** 트윈룸 (2인용 2침대)
extra bed 간이 침대

⑬ 방 요구 사항

🔊 **Sure. Do you have any preference for the room condition?**

네 있습니다. 방은 어떤 조건을 선호하십니까?

I want a room with a nice view.

→ 전망 좋은 방으로 부탁해요.

Does it have a view of the city?

→ 시내 경관이 보이나요?

I'd like a non-smoking room.

→ 금연실로 하고 싶어요.

A higher floor room, please.

→ 고층 룸으로 부탁해요.

Can I get rooms side by side?

→ 붙어 있는 방으로 해주세요.

✔ 가장 많이 쓰는 여행 단어

a room with ~ ~를 가진 방   **have a view of ~** ~의 경치가 있다   **non-smoking room** 금연실
higher floor room 좀 더 높은 층에 있는 방   **side by side** 옆에, 붙어 있는

⑭ 가격 문의

🔊 **The price is $900 in total.**
총 가격은 900달러입니다.

Is the tax included?

→ 세금 포함된 가격인가요?

How much is it per night?

→ 1박에 얼마인가요?

Can I pay upon arrival?

→ 현장에서 결제해도 되나요?

Is there any cancellation fee?

→ 취소하면 수수료가 나오나요?

Do I have to pay deposit?

→ 보증금을 내야 하나요?

✅ 가장 많이 쓰는 여행 단어

in total 총합계　**include** 포함하다　**per night** 1박당　**upon arrival** 도착하자마자
cancellation fee 취소 수수료　**deposit** 보증금

⑮ 기타 문의

🔊 **Do you have any other questions?**
또 궁금하신 사항은 없으신가요?

What time is the check-in?
→ 체크인은 몇 시 인가요?

Can I get an early check-in?
→ 좀 더 일찍 체크인할 수 있나요?

Can I get a late check-out?
→ 체크아웃 시간보다 좀 늦게 나갈 수 있나요?

Is there an airport shuttle bus?
→ 공항 셔틀버스가 있나요?

Does it include breakfast?
→ 조식 포함인가요?

✅ 가장 많이 쓰는 여행 단어

early check-in 좀 더 이른 체크인   **late check-out** 좀 더 늦은 체크아웃
airport shuttle bus 공항 셔틀버스

한 번 더 짚고 넘어가야 할 단어

방을 예약하다
book a room

방이 있다
have a room

1인용 1침대
single room

2인용 1침대
double room

2인용 2침대
twin room

간이 침대
extra bed

빈방
vacancies

셔틀버스
shuttle bus

고층에 있는 방
higher floor room

금연실
non-smoking room

체크인 **check in**	체크아웃 **check out**
이른 체크인 **early check-in**	늦은 체크아웃 **late check-out**
보증금 **deposit**	3(숫자) 박 **3(number) nights**
1박당 **per night**	총합계 **in total**
아침 식사 **breakfast**	바다 전망 **ocean view**

 출국 수속하기
(공항 출국)

3 출국 수속하기
(공항 출국)

✓ **가장 많이 쓰는 필수 문장**

Where is the check-in counter for Korean Airlines?

→ 대한항공의 체크인 카운터는 어디인가요?

Where can I get my tax refund?

→ 세금 환급은 어디에서 받을 수 있나요?

Here is my passport.

→ 제 여권이요.

I would like to carry this on board.

→ 이건 기내에 가지고 타고 싶어요.

When does the boarding begin?

→ 언제 탑승이 시작되나요?

⑯ 공항 안내

🔊 How can I help you?
무엇을 도와드릴까요?

Where is the information center around here?
→ 근처에 안내소가 어디 있나요?

Where is the check-in counter for Korean Airlines?
→ 대한항공의 체크인 카운터는 어디인가요?

Where can I get a ticket for Korean Airlines?
→ 대한항공 항공권은 어디에서 발권하죠?

Where can I get my tax refund?
→ 세금 환급은 어디에서 받을 수 있나요?

Where is the departure area for international flights?
→ 국제선 항공편 출국장이 어디죠?

✔ 가장 많이 쓰는 여행 단어

information center 안내소   **check-in counter** 탑승 수속 창구   **Airlines** 항공사
tax refund 세금 환급   **international flights** 국제선 항공편

세금 환급

🔊 **Please line up here.**
여기로 줄 서세요.

Is this the place for tax refund?
→ 이곳이 세금 환급 받는 곳인가요?

What is the difference between these lines?
→ 이 줄과 저 줄의 차이가 뭔가요?

Do I need the boarding pass?
→ 탑승권도 있어야 하나요?

I'd like to get the refund in cash.
→ 현금으로 환급 받고 싶어요.

I'd like to get the refund in dollars.
→ 달러로 환급 받고 싶어요.

✔ 가장 많이 쓰는 여행 단어

the difference between ~ ~ 사이의 차이   boarding pass 탑승권
in cash 현금으로

⑱ 부대시설 위치

🔊 **Passengers to Beijing on flight A808 please proceed to the boarding gate immediately.**
A808 편 베이징행 승객들은 서둘러 탑승해주세요.

Where is the food court?
→ 푸드 코트는 어디인가요?

Where is the souvenir store?
→ 기념품 매장은 어디인가요?

Where is the ATM?
→ ATM은 어디에 있나요?

Where is the pharmacy?
→ 약국은 어디인가요?

Where can I possibly charge a phone?
→ 혹시 전화기를 충전할 수 있는 곳이 어디에 있을까요?

✅ 가장 많이 쓰는 여행 단어

proceed ~로 향하다, ~에 이르다 **food court** 푸드 코트 **souvenir store** 기념품 매장
ATM 현금자동입출금기 (Automated Teller Machine) **pharmacy** 약국 **charge a phone** 전화기를 충전하다

⑲ 체크인

🔊 **May I see your passport, sir?**
여권을 보여주시겠어요?

When is the check-in starting?
→ 언제부터 체크인 시작인가요?

Where is the line for priority check-in?
→ 빠른 체크인 줄은 어디인가요?

Here is my passport.
→ 제 여권이요.

I didn't bring my e-ticket.
→ 전자항공권을 안 가지고 왔어요.

I have booked my flight online.
→ 온라인으로 항공권 예약했어요.

✅ 가장 많이 쓰는 여행 단어

check-in 체크인 **priority** 우선권 **passport** 여권 **e-ticket** 전자항공권
book ~ online ~을 온라인으로 예매하다

㉔ 수하물 등록 – 1

🔊 **How many bags are you checking in?**
짐은 몇 개 부치실 건가요?

I have to weigh it first.

→ 우선 무게를 재봐야 해요.

I would like to check in one bag only.

→ 가방 하나만 부칠게요.

I would like to add one more luggage.

→ 수하물 하나 더 추가하고 싶어요.

Is this over the weight limit?

→ 이 짐이 허용 무게를 초과하나요?

I have one bag to check in and one to carry on.

→ 부칠 수하물 1개와 휴대할 가방 1개 있어요.

✔ 가장 많이 쓰는 여행 단어

weigh 무게를 재다   **add** 추가하다   **over** 넘는, 초과하는   **weight limit** 무게 제한
carry on 기내에 휴대하다

㉑ 수하물 등록 – 2

🔊 **OK. Place your bag on the scale, sir.**
알겠습니다. 일단 가방을 저울에 올려놓으세요.

I would like to carry this on board.
→ 이건 기내에 가지고 타고 싶어요.

I will carry it with me on the plane.
→ 이건 제가 기내에 들고 탈게요.

I would like to take out something from the luggage.
→ 수하물에서 물건 좀 뺄게요.

I'm stopping over in Moscow. Do I have to pick up my luggage there?
→ 모스크바에서 경유하는데요. 거기서 짐을 따로 찾아야 하나요?

How much is the extra charge?
→ 추가 요금이 얼마인가요?

✅ **가장 많이 쓰는 여행 단어**

on board 탑승한, 승선한   **on the plane** 기내에   **take out** 빼다   **extra charge** 추가 요금

🔊 **Any other things that I can help?**
더 필요하신 것 있나요?

Is there a fast track?
→ 패스트 트랙이 따로 있나요?

Where is the lounge at the airport?
→ 공항 내 라운지는 어디로 가야 하나요?

Which gate should I go to take this flight?
→ 이 비행기를 타려면 몇 번 탑승구로 가야 하나요?

What time do I need to be at the gate?
→ 몇 시까지 게이트로 가야 하나요?

Do I need to take a shuttle to the plane?
→ 비행기까지 셔틀버스를 타고 가야 하나요?

✔ **가장 많이 쓰는 여행 단어**

fast track 패스트 트랙 (우선 출국 수속) **lounge** 라운지, 대합실 **gate** 탑승구
take a shuttle 셔틀버스를 타다

㉓ 보안 검색

🔊 **Please take off your shoes and belt.**
신발과 허리띠 다 벗어주세요

Here's my passport and ticket.

→ 제 여권과 티켓이에요.

I have nothing in my pocket.

→ 주머니에 아무것도 없습니다.

I don't have a laptop in my bag.

→ 제 가방에 노트북 없는데요.

Can I take this on board?

→ 이거 가지고 탈 수 있나요?

Do I have to take out all my belongings?

→ 소지품 다 꺼내야 해요?

✅ **가장 많이 쓰는 여행 단어**

take off 벗다 **laptop** 노트북 **on board** 탑승한 **take out** 꺼내다 **belongings** 소지품

24 탑승구

🔊 **Boarding for Flight K508 will begin shortly.**
잠시 후 K508 편 탑승을 도와드리겠습니다.

Is it for priorities?

→ 이 줄이 우선 탑승 줄인가요?

May I go ahead of you?

→ 먼저 가도 될까요?

Would you please hold my place for a while?

→ 제 자리 좀 잠시만 맡아주시겠어요?

When does the boarding begin?

→ 언제 탑승이 시작되나요?

What is the reason for the delay?

→ 연착된 이유가 뭔가요?

✅ **가장 많이 쓰는 여행 단어**

go ahead of ~ ~ 보다 먼저 가다   hold one's place ~의 자리를 맡다
the reason for the delay 연착의 이유

Departures

출국

입국

체크인 카운터

터미널

게이트

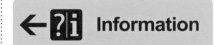

안내소

흡연실

보안 검사

 **Transfer information**

환승 정보

 **Baggage**

수하물 찾는 곳

 **Toilet**

화장실

 Lift

엘리베이터

  **Taxi**

택시

  Bus station

버스 정류장

  Restaurants

식당

 Exit

출구

한 번 더 짚고 넘어가야 할 단어

국제선
international flight

국내선
domestic flight

출국
departure

입국
arrival

출국 수속 카운터
check in counter

무인발급기
kiosk

여권
passport

탑승권
boarding pass

전자항공권
e-ticket

우선권
priority

수하물

baggage

휴대 수하물

carry-on

저울

scale

중량 제한

weight limit

추가 요금

extra charge

액체 물질

liquids

파손 주의

fragile

불에 잘 타는

flammable

발화성의

ignitable

수하물 보관증

baggage claim tag

보안 검색

security check

우선 출국 수속

fast track

꺼내다

take out

벗다

take off

노트북

laptop

소지품

belongings

주머니

pocket

시계

watch

허리 벨트

belt

동전

coin

탑승 게이트	탑승 시간
boarding gate	**boarding time**

대기실	세금 환급소(공항)
lounge	**tax refund**

면세점	푸드 코트
duty free	**food court**

약국	기념품 매장
pharmacy	**souvenir store**

연착되다	탑승
be delayed	**boarding**

 탑승하기
(기내)

4 기내 탑승하기
(기내)

☑ **가장 많이 쓰는 필수 문장**

When is the meal served?

→ 기내식이 몇 시에 제공되나요?

How do I recline my seat?

→ 좌석은 어떻게 뒤로 넘기나요?

Please do not wake me up at mealtime.

→ 식사 시간에 깨우지 말아주세요.

Can I get headphones?

→ 헤드폰 좀 주실래요?

Could you help me fill out this form?

→ 이 신고서 작성하는 것 좀 도와주실래요?

입국수속

기내탑승

출국수속

숙소예약

항공권예약

25 좌석 착석

🔊 **May I see your boarding pass?**
탑승권 좀 보여주시겠어요?

May I go in first?

→ 제가 먼저 들어가도 될까요?

I think this is my seat.

→ 제 자리인 것 같은데요.

Can I change my seat?

→ 자리 좀 바꿀 수 있나요?

Is there any room for my luggage?

→ 혹시 짐을 놓을 공간이 있나요?

Would you mind keeping your seat upright?

→ 좌석 좀 똑바로 세워주시겠어요?

✔ **가장 많이 쓰는 여행 단어**

go in first 먼저 가다   **room for ~** ~를 위한 공간
keep one's seat upright ~의 자리를 똑바로 세우다

26 서비스 문의

🔊 We'll be taking off shortly.
곧 출발하겠습니다.

When is the meal served?
→ 기내식이 몇 시에 제공되나요?

How do I recline my seat?
→ 좌석은 어떻게 뒤로 넘기나요?

Can I turn on the reading light?
→ 독서등을 켤 수 있을까요?

When is the duty free selling?
→ 면세품 판매는 언제인가요?

Can I move to an empty seat over there?
→ 저쪽 빈 좌석으로 옮길 수 있을까요?

✔ 가장 많이 쓰는 여행 단어

take off 이륙하다 **meal** 식사 **be served** 제공되다 **recline** 뒤로 넘기다 **turn on** 불을 켜다
the reading light 독서등 **duty free** 면세 **empty seat** 빈 좌석

🔊 **What would you like to have?**

식사는 무엇으로 하시겠습니까?

Let me see.

→ 어디 한번 볼게요.

Chicken, please.

→ 닭고기로 할게요.

I had better take the first one.

→ 첫 번째 것으로 하는 게 낫겠어요.

Please do not wake me up at mealtime.

→ 식사 시간에 깨우지 말아주세요.

I'd like to skip the meal.

→ 식사는 거르겠습니다.

✅ **가장 많이 쓰는 여행 단어**

let me ~ ~ 할게요 had better ~ ~ 하는 게 낫겠어요 wake up 깨우다 mealtime 식사 시간
skip 거르다, 건너뛰다

㉘ 식사

🔊 **Are you done with your meal?**
식사 다 하셨어요?

I have finished my plate.

→ 다 먹었어요.

I have finished my meal.

→ 식사 다 했어요.

You can take it away.

→ 가져가셔도 돼요.

Can I eat later?

→ 이따 먹을 수 있을까요?

Can I get some coffee?

→ 커피 마실 수 있을까요?

✅ **가장 많이 쓰는 여행 단어**

have finished 끝내다, 마치다   **plate** 접시, 식사   **take away** 가져가다

29 필요한 것 요구

🔊 **Do you need help?**
뭐 필요한 거 있나요?

Would you bring me an extra blanket and pillow?
→ 담요와 베개 하나씩만 더 주시겠어요?

Can I get headphones?
→ 헤드폰 좀 주실래요?

Can I get earplugs?
→ 귀마개 좀 주실래요?

I want to charge my phone.
→ 휴대폰을 충전하고 싶어요.

I would like to have another drink.
→ 음료 한 잔 더 부탁합니다.

✅ **가장 많이 쓰는 여행 단어**

extra 여분의   **blanket** 담요   **pillow** 베개   **headphones** 헤드폰   **earplugs** 귀마개
charge 충전하다

㉚ 운항 시 문의

🔊 **Please remain seated.**
자리에 착석 부탁드립니다.

When is **the landing time?**
→ 착륙 시간은 언제인가요?

How much **time until arrival?**
→ 비행 시간이 얼마나 남았나요?

Can I **borrow a pen?**
→ 펜 좀 빌릴 수 있을까요?

Do I need to **fill out a disembarkation card?**
→ 출입국 카드를 작성해야 하나요?

Could you **help me fill out this form?**
→ 이 신고서 작성하는 것 좀 도와주실래요?

✓ 가장 많이 쓰는 여행 단어

landing time 착륙 시간   borrow 빌리다   fill out ~을 작성하다
an disembarkation card 입국신고서

㉛ 환승

🔊 **What is your flight number?**
항공기 편명이 어떻게 되죠?

Where is the transfer counter?
→ 환승 수속 카운터는 어디 있나요?

I'm a transit passenger.
→ 저는 환승객이에요.

Where can I take a connecting flight to London?
→ 어디에서 런던행 비행기로 환승하죠?

When is the next flight to New York?
→ 뉴욕행 다음 비행기는 언제인가요?

Do I have to claim my luggage here and recheck it?
→ 여기서 제 짐 찾아서 다시 부쳐야 하나요?

✅ 가장 많이 쓰는 여행 단어

transfer counter 환승 수속 카운터 **transit passenger** 환승객 **transit** 환승
connecting flight 항공 연결편 **claim** 권리를 요구하다, 잠시 맡긴 것을 찾다
recheck 다시 부치다, 다시 체크인하다

비상구
emergency exit

좌석 벨트
seat belt

통로
aisle

접이식 테이블
tray table

차양
window shade

난기류
turbulence

산소마스크
oxygen mask

구명조끼
life vest

기내 엔터테인먼트
in-flight entertainment

안대
sleep mask

헤드폰	귀마개
headphones	**earplugs**
베개	담요
pillow	**blanket**
멀미	화장실
air-sickness	**lavatory**
사용 중	비어 있는
occupied	**vacant**
목적지	도착 시간
destination	**landing time**

성(姓)
family name

성(姓)
surname

이름
first name

이름
given name

생년월일
date of birth

성별
sex

국적
nationality

직업
occupation

한국 거주지 주소
address in korea

체류지 주소
contact address

여권 번호
passport no.

발행국
issuing country

발행 날짜
date of issue

유효 기간
date of expiry

출발지
point of departure

목적지
destination

체류 기간
length of stay

방문 목적
purpose of visit

편명
flight no.

서명
signature

입국 수속하기
(공항 입국)

5 입국 수속하기
(공항 입국)

입국수속

기내탑승

출국수속

숙소예약

항공권예약

✓ 가장 많이 쓰는 필수 문장

Is this a line for foreigners?

→ 여기가 외국인 줄인가요?

We are together.

→ 우리 일행이에요.

I'm here for a trip.

→ 여행 때문에 왔어요.

This is my second trip.

→ 두 번째 방문이에요.

I'm going to stay at my relative's.

→ 저는 친척집에 머물 거예요.

㉜ 입국 심사 대기

🔊 **Can I see your passport?**
여권 좀 보여주시겠습니까?

Is this a line for foreigners?
→ 여기가 외국인 줄인가요?

Where should I line up for the immigration?
→ 입국 심사를 하려면 어디에 줄을 서야 하나요?

We are together.
→ 우리 일행이에요.

Can I go through the immigration with my family?
→ 가족이 함께 심사 받을 수 있나요?

Do I need a visa?
→ 비자가 필요한가요?

✅ 가장 많이 쓰는 여행 단어

line up for ~ ~를 위해 줄지어 서다   **foreigner** 외국인   **for the immigration** 입국 심사를 위한
immigration 이민, 출입국 관리소   **go through** 통과하다

㉝ 입국 심사 – 1

🔊 What's the purpose of your visit?
방문 목적이 무엇인가요?

I'm here for a trip.

→ 여행 때문에 왔어요.

I'm here for the stopover.

→ 경유차 왔어요.

I'm here to study.

→ 공부하러 왔어요.

I'm here to visit my family.

→ 가족 방문차 왔어요.

I'm on a business trip.

→ 출장차 왔어요.

✅ 가장 많이 쓰는 여행 단어

purpose 목적　**I'm here for/to ~** ~ 때문에 오다　**the stopover** (24이상) 경유
business trip 출장

34 입국 심사 – 2

🔊 **What do you do?**
직업이 무엇인가요?

I'm a university student.
→ 저는 대학생이에요.

I'm an office worker.
→ 저는 회사원이에요.

I work for the government.
→ 저는 공무원이에요.

I run a clothing company.
→ 의류 업체를 운영해요.

I am a housewife with two boys.
→ 저는 두 아들을 둔 가정주부예요.

✅ **가장 많이 쓰는 여행 단어**

office worker 회사원   **government** 정부   **work for ~** ~에서 일하다   **run** 운영하다
clothing company 의류 업체

35 입국 심사 - 3

🔊 **Have you ever been to the United States?**
미국에 와보신 적 있어요?

It is my **first time abroad.**

→ 해외여행은 처음이에요.

I have never been **here before.**

→ 저는 이곳이 처음이에요.

I have been **here in the United States several times.**

→ 여러 번 미국에 다녀왔어요.

This is **my second trip.**

→ 두 번째 방문이에요.

I have been **studying here for three years.**

→ 여기서 3년째 공부하고 있어요.

 가장 많이 쓰는 여행 단어

go abroad 외국에 가다　**several times** 몇 번

36 입국 심사 – 4

🔊 **How long will you stay?**
얼마나 계실 건가요?

(I'll stay) For about two weeks.
→ 2주 정도요.

I'll stay for two days.
→ 이틀 동안 머무를 거예요.

I'll be here for a month.
→ 한 달 동안 여기 있을 거예요.

I'm going to stay here for 2 weeks.
→ 여기에 2주간 머무를 예정이에요.

I'll go back to my country this Friday.
→ 이번 주 금요일에 귀국할 거예요.

 가장 많이 쓰는 여행 단어

stay 머무르다   for about ~ 대략 ~ 동안   go back 돌아가다

입국 심사 - 5

🔊 **Where are you going to stay?**
어디에 머무르실 건가요?

I'll stay at the Marriott hotel.

→ 저는 메리어트 호텔에 머물 거예요.

I'll stay at my sister's.

→ 저는 누나집에 있을 거예요.

I'm going to stay at my relative's.

→ 저는 친척 집에 머물 거예요.

I'm staying at my friend's.

→ 친구 집에 있을 거예요.

I'm staying at a guest house.

→ 게스트 하우스에 머물 거예요.

✅ **가장 많이 쓰는 여행 단어**

~'s ~의 집   relative's 친척 집에   relative 친척   guest house 게스트 하우스

38 수하물 찾기

🔊 **May I help you?**
도와드릴까요?

Where can I get my baggage?
→ 수하물은 어디서 찾나요?

Where is the baggage claim area?
→ 수하물 찾는 곳이 어디인가요?

Where can I get a cart?
→ 카트는 어디에서 받을 수 있나요?

I think it's coming.
→ 나오고 있는 것 같아요.

Could you help me with this luggage?
→ 이 가방 드는 것 좀 도와주실래요?

✅ **가장 많이 쓰는 여행 단어**

baggage claim 수하물 찾는 곳   baggage 짐, 가방   cart 카트
help me with ~ 내가 ~ 하는 것을 도와주다

39 수하물 클레임

🔊 May I see your baggage claim tag?
수하물 표 좀 보여주시겠어요?

I think I lost my bag.

→ 제 짐을 잃어버린 거 같아요.

I can't find my baggage.

→ 제 짐 못 찾겠어요.

Where is the Lost and Found?

→ 분실물 센터는 어디에 있나요?

I think my baggage is damaged.

→ 짐이 손상된 것 같은데요.

Here is my baggage claim tag.

→ 여기 제 수하물 표예요.

✔ 가장 많이 쓰는 여행 단어

lost ~ ~를 잃어버렸다   **lose-lost-lost** 잃어버리다   **the Lost and Found** 분실물 센터
be damaged 손상되다, 망가지다   **baggage claim tag** 수하물 표

⑳ 세관 신고

🔊 Do you have anything to declare?
신고하실 거 있나요?

I have something to declare.
→ 신고할 것이 있어요.

(There's) Nothing to declare.
→ 신고할 것이 없어요.

I want to declare my watch.
→ 제 시계 신고하려고요.

I want to declare three cartons of cigarettes.
→ 담배 3보루 신고하려고요.

It is my personal belonging.
→ 원래 제 건데요.

✔ 가장 많이 쓰는 여행 단어

declare 신고하다   three cartons of cigarettes 담배 3보루   carton 보루
personal belonging 개인 소지품

㊶ 환전

How would you like your money?
돈은 어떻게 교환해드릴까요?

Where is the money exchange?
→ 환전소는 어디에 있나요?

Is there a place to exchange money?
→ 환전할 수 있는 곳이 있나요?

What is the exchange rate today?
→ 오늘 환율이 어떻게 되나요?

I have to break this $100 bill into $10 bills.
→ 이 100달러 지폐를 10달러 짜리로 바꿔야 해요.

I want to exchange dollars to Euros.
→ 달러를 유로로 환전하고 싶어요.

✔ 가장 많이 쓰는 여행 단어

money exchange 환전소   exchange rate 환율   break 돈을 잔돈으로 바꾸다
exchange A into B A를 B로 환전하다

㊷ 유심/선불 폰

🔊 **How can I help you?**
무엇을 도와드릴까요?

I've ordered a SIM card online.
→ 심 카드를 온라인으로 주문했어요.

I'm here to pick up my SIM card.
→ 심 카드 찾으러 왔어요.

Can I get a SIM card for 2 weeks?
→ 2주 동안 사용할 심 카드 구입할 수 있을까요?

Can I get a prepaid phone?
→ 선불 폰 구입할 수 있나요?

I'd like to rent a pocket Wi-Fi.
→ 포켓 와이파이 대여하고 싶어요.

✅ **가장 많이 쓰는 여행 단어**

order ~ online ~을 온라인으로 주문하다 **pick up** 맡겨놓은 것을 찾아가다 **SIM card** 심 카드
prepaid phone 선불 폰 **pocket Wi-Fi** 포켓 와이파이

43 여행지 정보 문의

🔊 What can I do for you?
무엇을 도와드릴까요?

Can I get some tips about this area?
→ 이 지역에 대한 정보 좀 주실 수 있나요?

Where is the way out?
→ 나가는 길은 어딘가요?

How do I get downtown?
→ 시내로 어떻게 가나요?

How do I get to Hilton hotel?
→ 힐튼 호텔로 어떻게 가나요?

How do I get to the bus station?
→ 버스 정류장으로 어떻게 가나요?

✔ 가장 많이 쓰는 여행 단어

tip 팁 (실용적인 조언)   **the way out** 나가는 길, 출구   **get downtown** 시내에 도착하다
get to ~ ~에 도착하다

입국 심사 시 말할 때 꼭 알아두어야 할 TIP

입국 심사 시 필수 질문

1. **체류 기간** : 한정된 체류 기간 필수! 한정된 체류 기간을 명확히 말해주는 것이 좋습니다.
   10일 이상의 긴 기간을 방문 계획 중이라면 좀 더 명확히 방문 목적을 설명할 수 있도록 대
   비해두세요. 오픈 티켓이나 편도 항공권일 경우 질문이 좀 더 까다롭거나 자세할 수 있다
   는 점 명심하세요.

2. **체류 장소** : 정확한 체류지 주소 필수! 방문지에서 자신이 거주할 확실한 주소를 말해주는
   것이 좋습니다. 친척 집이나, 호텔, 혹은 공간 공유 어플(에어비앤비 등)로 숙박을 구하셨어도
   그냥 가정집이라고 하지 말고 정확한 주소를 알려주세요. 체류할 곳을 아직 못 구했다는
   표현은 입국 시 문제가 될 수 있습니다.

3. **체류 목적** : 확실한 체류 목적 필수! 가장 중요한 질문일 수 있습니다. 주로 여행 목적이 뚜
   렷하거나 지사 발령이나 유학 등은 따로 필요한 비자가 있으니 오히려 입국 통과가 수월할
   수 있습니다. 출장의 경우, 회사 설명과 함께 현지에서 하는 일을 물어볼 수 있으니 그 점도
   미리 대비합시다.

4. **현재 직업** : 자신이 하는 일에 대한 정확한 설명 필수! 주로 위의 3가지 질문에서 심사가 끝
   나는 경우가 많습니다만, 여러분의 직업까지 물어본다면 자세히 물어보는 경우에 속합니
   다. 너무 당황하지 마시고, 자신이 하는 일을 상대방에게 설명하는 연습을 미리 해둡시다.
   단, 영어 실력이 부족한 경우 너무 장황하게 설명하면 더 자세히 물어보는 경우가 있습니
   다. 항상 물어보는 질문에 단답형으로만 대답하세요.

긴급 상황 시 이 문장을 말하세요.

I need a Korean interpreter, please.

→ 한국어 통역관 부탁합니다.

한 번 더 짚고 넘어가야 할 단어

✈

입국 심사/출입국 관리
immigration

비자
visa

VISA APPLICATION
APPROVED

거주자
resident

외국의
foreign

~ 을 위해 줄 서다
line up for ~

~ 를 통과하다
go through ~

목적
purpose

체류
stay

여행
trip

출장
business trip

친척
relative

친척 집
relative's

언니/누나네 집
sister's

게스트 하우스
guest house

~ 에서 일하다
work for ~

운영하다
run

회사원
office worker

정부
government

회사
company

가정주부
housewife

처음
first time

두 번째 방문
second trip

~ 왔었다
have been

온 적 없다
have never been

돌아가다
return

돌아가다
go back

수하물 찾는 곳
baggage claim

수하물 카트
baggage cart

수하물 컨베이어 벨트
carousel

분실물 센터
lost and found

세관	세관신고서
customs	**declaration card**
신고하다	환전소
declare	**money exchange**
환율	잔돈으로 바꾸다
exchange rate	**break**
주문한 것을 찾아가다	심 카드
pick up	**SIM card**
선불 폰	포켓 와이파이
prepaid phone	**pocket Wi-Fi**

교통수단 이용하기-1
(버스)

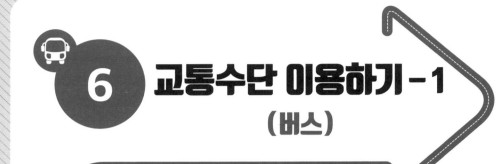

6 교통수단 이용하기 - 1
(버스)

렌터카

기차

지하철

택시

버스

✅ **가장 많이 쓰는 필수 문장**

Where is the nearest bus stop?

→ 가장 가까운 버스 정류장은 어디에 있나요?

Is there a bus going to SOHO?

→ 소호로 가는 버스가 있나요?

Does it go to Times Square?

→ 타임스스퀘어까지 가시나요?

How many stops to Chelsea Market?

→ 첼시 마켓까지 몇 정거장 가야 하나요?

I have to get off at this station.

→ 이번 역에서 내려야 해요.

106 • 일빵빵 가장 많이 쓰는 여행영어

44 역 위치

🔊 **The bus station is right around the corner.**
버스 정류장은 코너를 돌면 바로 있어요.

Where is the bus stop?
→ 버스 정류장이 어디죠?

Where is the nearest bus stop?
→ 가장 가까운 버스 정류장은 어디에 있나요?

Where can I take the bus to Wall Street?
→ 월스트리트행 버스는 어디서 탈 수 있나요?

Where can I take the city tour bus?
→ 시티 투어 버스는 어디서 탈 수 있나요?

I have to take the bus from the other side.
→ 반대쪽에서 타야 해요.

☑ **가장 많이 쓰는 여행 단어**

the nearest 가장 가까운   city tour bus 시티 투어 버스   the other side 건너편, 반대쪽

㊺ 노선 문의

🔊 **The bus number 42 is going downtown.**
42번 버스가 시내로 가요.

Which bus is going downtown?
→ 시내로 가는 버스는 몇 번인가요?

What number is going to Times Square?
→ 타임스스퀘어로 가는 버스는 몇 번인가요?

Is there a bus going to SOHO?
→ 소호로 가는 버스가 있나요?

Does it make a loop?
→ 이 버스 순환 버스인가요?

Do I have to transfer to another bus?
→ 다른 버스로 갈아타야 하나요?

 **가장 많이 쓰는 여행 단어**

make a loop 순환하다   **transfer** 환승하다, 갈아타다

㊻ 버스표 구입

🔊 $2.75 for adults, $1.30 for children.
어른은 2.75달러이고, 어린이는 1.30달러입니다.

Where can I **get a bus ticket?**
→ 버스표는 어디에서 구입하나요?

How much **is the fare to Central Park?**
→ 센트럴파크까지 요금은 얼마인가요?

When is **the next bus?**
→ 다음 버스는 언제인가요?

When is **the bus coming?**
→ 버스는 언제 오나요?

How often **do they run?**
→ 얼마나 자주 오나요?

✅ 가장 많이 쓰는 여행 단어

the fare to ~ ~까지의 요금   fare 요금   the next bus 다음 버스   run 운행하다

🔊 **No, you should take it from the other side.**
아니요, 길 건너에서 타야 해요.

I'm going to MOMA.
→ 국립현대미술관으로 가려고요.

Are you going downtown?
→ 시내로 가는 버스인가요?

Is this going to China Town?
→ 차이나타운으로 가는 버스가 맞나요?

Do you stop at Penn Station?
→ 펜실베니아 역에 가나요?

Does it go to Times Square?
→ 타임스스퀘어까지 가시나요?

✓ 가장 많이 쓰는 여행 단어

the other side 반대편, 건너편   **stop at ~** ~에 서다, 멈추다

48 탑승 후 문의

🔊 **Passengers going to the central station please get off at this stop.**

중앙역으로 가시는 승객분들께서는 이번 역에서 하차하세요.

How many stops to Chelsea Market?

→ 첼시 마켓까지 몇 정거장 가야 하나요?

Can you tell me when we get there?

→ 거기 도착하면 알려주실래요?

I have to get off at this station.

→ 이번 역에서 내려야 해요.

This is my stop.

→ 여기서 내려요.

I think I missed my stop.

→ 내릴 곳을 지나친 거 같아요.

✔ 가장 많이 쓰는 여행 단어

get off 하차하다   **stop** 정거장   **miss the stop** 내릴 곳을 놓치다   **miss** 놓치다, 지나치다

 교통수단 이용하기-2
[택시]

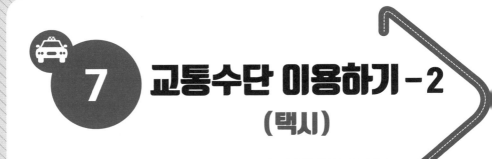

7 교통수단 이용하기 - 2 (택시)

렌터카

기차

지하철

택시

버스

✓ 가장 많이 쓰는 필수 문장

Where is the taxi stand?

→ 택시 승강장이 어디 있죠?

Hyatt, please.

→ 하얏트요.

Would you please open the trunk?

→ 트렁크를 열어주시겠어요?

Please drop me off here.

→ 여기 세워주세요.

Here is the fare.

→ 여기 요금이요.

49 승강장 위치

🔊 **You should take a taxi at the taxi stand.**
택시는 택시 승강장에서 타야해요.

Where is the taxi stand?
→ 택시 승강장이 어디있죠?

Hyatt, please.
→ 하얏트요.

Could you take me to this address?
→ 이 주소로 데려다주실 수 있어요?

Take me straight to World Trade Center, please.
→ 세계무역센터로 바로 가주세요.

Would you like to share a cab?
→ 택시 동승하시겠어요?

✅ **가장 많이 쓰는 여행 단어**

taxi stand 택시 승강장 take me to ~ 나를 ~로 데려가다 address 주소 straight 바로, 쭉
share a cab 합승하다 share 공유하다 cab 택시

🔊 **Is it too hot?**

더우신가요?

Would you please open the trunk?

→ 트렁크를 열어주시겠어요?

Please help me put my baggage in the trunk.

→ 트렁크에 짐 좀 실어주세요.

Could you please open the window?

→ 창문을 열어주시겠어요?

Could you please turn on the AC?

→ 에어컨을 켜주시겠어요?

Could you please turn off the radio?

→ 라디오를 꺼주시겠어요?

✓ 가장 많이 쓰는 여행 단어

open the trunk 트렁크를 열다   **trunk** 트렁크   **put my baggage in** 내 짐을 ~에 넣다
turn on 켜다   **turn off** 끄다

51 소요 시간 문의

It takes about 30 minutes if the traffic is light.
차가 많이 없다면 30분 정도면 도착해요.

Does it **take long?**

→ 오래 걸리나요?

How long **does it take from here?**

→ 여기서 얼마나 걸려요?

I have to **catch my flight in 20 minutes.**

→ 20분 안에 비행기를 타야 해요.

Could you **drive a bit faster?**

→ 조금 빨리 운전해주시겠어요?

Could you please **slow down?**

→ 속도를 줄여주시겠어요?

가장 많이 쓰는 여행 단어

It takes ~ (시간이) ~ 걸려요 catch my flight 비행기를 타다 faster 더 빨리 a bit 약간, 조금 slow down 속도를 줄이다

㊼ 길 안내

🔊 **Are you familiar with this neighborhood?**
혹시 이 근처 길 잘 아세요?

Go straight ahead, please.

→ 쭉 직진하세요.

Just keep going, please.

→ 쭉 가주세요.

Turn left at the corner, please.

→ 코너에서 좌회전하세요.

Turn right at the next light, please.

→ 다음 신호등에서 우회전하세요.

This is it.

→ 다 왔어요.

✔ 가장 많이 쓰는 여행 단어

be familiar with ~ ~에 익숙하다 **go straight ahead** 앞으로 쭉 직진하다
ahead 앞에, 미리, 앞선 **keep going** 계속 가다, 쭉 가다 **turn left/right** 좌/우회전하다

목적지 도착

 Here we are.

다 왔습니다.

Please drop me off here.

→ 여기 세워주세요.

Please stop at the corner.

→ 코너에서 내려주세요.

Can you let me out here?

→ 여기서 내려주실래요?

Can you pull over here?

→ 여기 세워주실래요?

Can you take out my baggage?

→ 짐 좀 꺼내주시겠어요?

✓ 가장 많이 쓰는 여행 단어

drop me off 나를 내려주다 **let me out** 나를 내려주다 **pull over** 길 한쪽에 차를 세우다

54 요금 계산

🔊 **I don't have any small change.**
잔돈이 없네요.

How much is the fare to Brooklyn?

→ 브루클린까지 요금이 얼마예요?

Is it above the basic fare?

→ 기본 요금보다 더 나오나요?

Can I pay with credit?

→ 신용카드로 계산해도 되죠?

Here is the fare.

→ 여기 요금이요.

Please keep the change.

→ 거스름돈 안 주셔도 돼요.

✔ 가장 많이 쓰는 여행 단어

small change 잔돈 **above** 초과한, ~ 위 **basic fare** 기본요금
pay with credit 신용카드로 계산하다 **keep the change** 잔돈은 가지세요

택시 이용 시 꼭 알아두어야 할 TIP

공항에서 호텔까지 택시 잡을 때 주의해야 할 점

공항에서 호객 행위하는 택시는 되도록 이용하지 마시고, 택시 승강장에서 공항 관리인의 가이드를 받고 이용하시기 바랍니다.

택시 종류가 워낙 많아 같은 거리를 가더라도 요금을 거의 2배 이상 받는 택시도 있습니다. 보통 전국적인 민간 회사의 택시인 '옐로우 캡'의 경우 미터기를 사용해 운임을 정확히 측정하지만, 기타 민간 업체 택시는 출발 전, 승객에게 가격표를 보여주고 흥정하는 경우도 있습니다. 결코 싸지 않은 가격이니 내가 가야할 위치까지의 택시 운임을 미리 알고 있는 것도 중요합니다.

호텔에서 공항까지 택시 잡을 때 알아두어야 할 TIP

간혹 체크아웃을 한 후 호텔 직원에게 공항까지 택시 콜을 요청하는 경우가 있습니다. 만약, 요청한 택시가 호텔 입구 앞에 대기하고 있다면, 되도록 지체 없이 승차하세요. 보통의 택시는 콜을 받고 난 후 호텔 앞에서 대기하면서부터 미터기를 시작하기에 나중에 생각지 않은 요금 부과로 곤란을 겪는 경우가 있습니다. 미리 체크아웃 준비를 끝마친 후 택시 콜을 요청하시기 바랍니다.

영미권 택시 이용 시 알아두어야 할 TIP

영미권 국가의 경우 택시 승차 시 뒷좌석에 승차하며 되도록 조수석에는 앉지 않습니다. 또한 운전사와는 보호 격벽으로 분리되어 있기 때문에 어떤 요청을 할 경우 크게 말하거나, 옆에 있는 콜 버튼을 눌러 말하면 됩니다. 도착 시 신용카드나 현금 모두 사용 가능하니 자유롭게 이용하시고, 신용카드 이용 시 뒷좌석 앞 카드 단말기로 직접 계산하는 경우도 있으니 참고하세요. 단, 미국의 경우 운임 요금 외에 TIP도 따로 결제해야 한다는 사실도 명심하세요.

 교통수단 이용하기-3
(지하철)

8 교통수단 이용하기 - 3 (지하철)

✔ **가장 많이 쓰는 필수 문장**

Where can I get a ticket?

→ 어디서 지하철 표를 구입하나요?

Can I get a one-day pass?

→ 1일 이용권 살 수 있나요?

Which line goes to Fulton Street?

→ 몇 호선이 풀튼스트리트로 가나요?

Where should I transfer to go downtown?

→ 시내로 가는데 어디서 환승해야 하나요?

What time is the last subway of this line?

→ 이 호선의 막차는 몇 시인가요?

55 역 위치/표 구입

🔊 **You can buy the ticket with the machine over there.**

저쪽에 있는 기계에서 표를 구입할 수 있어요.

Where is the subway station?

→ 지하철역은 어디에 있나요?

Where can I get a ticket?

→ 어디서 지하철 표를 구입하나요?

Where is the ticket machine?

→ 지하철 티켓 발매기는 어디있나요?

Two tickets to Canal Street, please.

→ 캐널스트리트로 가는 표 2장 주세요.

Can I get a one-day pass?

→ 1일 이용권 살 수 있나요?

✅ **가장 많이 쓰는 여행 단어**

subway station 지하철역　**ticket machine** 티켓 발매기　**one-day pass** 1일 이용권

노선 문의

🔊 You can take line 4.
4호선을 타시면 돼요.

Where can I take Central line?
→ 중앙선은 어디서 탈 수 있나요?

Which line should I take to get to Union Square?
→ 유니온스퀘어로 가려면 몇 호선을 타야 하나요?

Which line goes to Fulton Street?
→ 몇 호선이 풀턴스트리트로 가나요?

Where should I transfer to go downtown?
→ 시내로 가는데 어디서 환승해야 하나요?

How many stops until Brooklyn Bridge?
→ 브루클린 브릿지까지 몇 정거장 남았나요?

✅ 가장 많이 쓰는 여행 단어

take line ~ ~ 호선을 타다   line 호선   transfer 환승하다   until ~ ~까지

㊤ 운행 시간/방향

🔊 The first train is at 6 a.m.
첫차는 아침 6시에 있어요.

What time is the earliest subway of this line?

→ 이 호선의 첫차는 몇 시 인가요?

What time is the last subway of this line?

→ 이 호선의 막차는 몇 시 인가요?

It does not come very often during the weekends.

→ 주말에는 자주 운행이 안 돼요.

Where can I take the train in the opposite direction?

→ 반대 방향으로 가려면 어디서 지하철을 타야 하나요?

I think I got on the wrong train.

→ 지하철을 잘못 탄 거 같아요.

✔ 가장 많이 쓰는 여행 단어

the earliest subway 첫차   the last subway 막차   come often 자주 운행하다
during the weekends 주말 동안   opposite direction 반대 방향
go on the wrong train 지하철을 잘못 타다

 TRAIN

교통수단 이용하기-4
(기차)

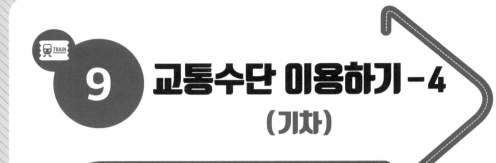

9 교통수단 이용하기 - 4 (기차)

렌터카

기차 ✅ **가장 많이 쓰는 필수 문장**

Two tickets to Pennsylvania, please.

→ 펜실베니아행 표 2장 주세요.

Is there an express train?

→ 급행열차가 있나요?

지하철

Are there any private dining sections?

→ 식당 칸이 따로 있나요

Do I have to change at the Bronx?

→ 브롱스에서 갈아타야 하나요?

택시

Is this the right platform to Massachusetts?

→ 여기가 메사츄세츠행 플랫폼 맞나요?

버스

58 기차표 구입

🔊 **$6 for the one way ticket, $10 for the round trip.**

편도 표는 6달러, 왕복은 10달러입니다.

When is the next train to Boston?

→ 보스톤행 다음 기차는 언제인가요?

When is the earliest train to Washington?

→ 워싱턴행 가장 빠른 기차는 언제인가요?

How much is the fare to Pennsylvania?

→ 펜실베니아까지 요금이 얼마인가요?

Two tickets to Pennsylvania, please.

→ 펜실베니아행 표 2장 주세요.

How much is the round ticket?

→ 왕복 티켓은 얼마인가요?

✅ **가장 많이 쓰는 여행 단어**

next train 다음 기차   the fare to ~ ~까지의 요금

59 기차에 대한 문의

🔊 **The dining section is in the compartment between the first class and second class.**

식당칸은 일등석과 이등석 사이에 있어요.

Is there a **sleeping compartment?**

→ 침대칸이 있나요?

Is there an **express train?**

→ 급행열차가 있나요?

Are there any **spaces for luggage?**

→ 짐 놓는 공간이 따로 있나요?

Are there any **private dining sections?**

→ 식당칸이 따로 있나요?

Do I have to **change at the Bronx?**

→ 브롱스에서 갈아타야 하나요?

✅ 가장 많이 쓰는 여행 단어

sleeping compartment 침대칸 **express train** 급행열차 **spaces for ~** ~ 하기 위한 공간
dining section 식당칸 **change** 바꾸다, 갈아타다

플랫폼 대기

🔊 **The train to Boston will depart in 2 minutes.**
보스톤행 기차는 2분 후 출발 예정입니다.

Is this going to Boston?
→ 이거 보스톤으로 가는 게 맞나요?

Is this the right platform to Massachusetts?
→ 여기가 메사츄세츠행 플랫폼 맞나요?

Is this an express train?
→ 이거 급행열차 맞나요?

When is the train to New York coming?
→ 뉴욕행 기차는 언제 오나요?

When is the train scheduled to depart?
→ 기차는 몇 시에 출발할 예정인가요?

✅ **가장 많이 쓰는 여행 단어**

in 2 minutes 2분이 지나면   in ~ ~이 지나면(시간)   right 맞는, 정확한   platform 플랫폼
scheduled to ~ ~하기로 예정된

교통수단 이용하기-5
(렌터카)

10 교통수단 이용하기 - 5
(렌터카)

렌터카 ◎

기차 ●

☑ **가장 많이 쓰는 필수 문장**

I would like to **rent a convertible for ten days.**

→ 10일간 오픈카로 렌트하고 싶어요.

How much **is the daily rate?**

→ 하루 요금이 얼마인가요?

I think **the battery is dead.**

→ 배터리가 나간 것 같아요.

When do **I have to return it?**

→ 언제 반납해야 하나요?

Please **fill it up.**

→ 가득 넣어주세요.

지하철 ●

택시 ●

버스 ●

61 렌터카 문의

🔊 **Did you make a reservation?**

예약하셨나요?

I want to **see the car list.**

→ 차 목록을 보여주세요.

I want **a compact car.**

→ 소형차로 주세요.

I would like to **rent a convertible for ten days.**

→ 10일간 오픈카로 렌트하고 싶어요.

I would like **a car with GPS nevigation.**

→ 네비게이션 있는 차로 주세요.

I am here for **the SUV I booked.**

→ 예약한 SUV 찾으러 왔어요.

✔ 가장 많이 쓰는 여행 단어

list 리스트, 목록   compact car 소형차   convertible 오픈카
GPS navigation 네비게이션 (Global Positioning System)   SUV 스포츠형 실용차 (Sport Utility Vehicle)

62 렌트 가격 문의

🔊 **The basic rate is $120 per day.**
기본 요금은 하루에 120달러입니다.

How much is the daily rate?
→ 하루 요금이 얼마인가요?

Can I get some discount?
→ 할인 좀 받을 수 있나요?

How much is the total fare?
→ 총 요금은 얼마인가요?

How much is the insurance per day?
→ 하루 보험료는 얼마인가요?

How much is the late fee?
→ 연체료는 얼마인가요?

✅ **가장 많이 쓰는 여행 단어**

basic rate 기본 요금   daily rate 하루 요금   get some discount 할인 받다
discount 할인   total fare 총 요금   insurance 보험료   late fee 연체료

63 차량 결함 발견

🔊 **This is the car for you.**
이게 당신을 위한 차예요.

I think **something is wrong with this car.**

→ 이 차에 문제가 있는 것 같아요.

I think **the AC is not working.**

→ 에어컨 작동이 안 되는 것 같아요.

I think **the headlights are out.**

→ 헤드라이트 작동이 안 되는 것 같아요.

I think **the battery is dead.**

→ 배터리가 나간 것 같아요.

I think **the GPS navigation stopped working.**

→ 네비게이션 작동이 안 되는 것 같아요.

✅ 가장 많이 쓰는 여행 단어

something is wrong 뭔가 문제가 있다 　**AC** 에어컨 (Air-Conditioning)
be not working 작동이 안 되다 　**be out** 작동이 안 되다 　**headlights** 헤드라이트
be dead 나가다, 죽다 　**battery** 배터리 　**stop working** 작동을 멈추다

64 차량 인수

🔊 **Please sign this document.**
이 서류에 서명해주세요.

This is my international driver's license.
→ 제 국제운전면허증입니다.

When do I have to return it?
→ 언제 반납해야 하나요?

Can I drop it off at another place?
→ 다른 곳에 반납해도 될까요?

Can I get a contact number in case of an accident?
→ 사고 시 연락처를 받을 수 있나요?

Can I change the language to Korean?
→ 한국어로 바꿀 수 있나요?

✔ 가장 많이 쓰는 여행 단어

sign 서명하다   **document** 서류   **international driver's license** 국제운전면허증
return 반납하다   **drop off** 반납하다   **contact number** 연락처
change the language 언어를 변경하다

65 운행 시

🔊 **Sorry, the parking lot is full.**
죄송합니다, 주차장이 꽉 찼어요.

Is there any faster way?
→ 좀 더 빠른 길이 있나요?

Where is the self-service station?
→ 셀프 주유소가 어디에 있나요?

Do you know how to get downtown?
→ 시내로 가는 길 아시나요?

Is it possible to make a U-turn here?
→ 여기서 유턴 가능한가요?

How much is the parking fee?
→ 주차 요금은 얼마인가요?

✅ 가장 많이 쓰는 여행 단어

parking lot 주차 구역 faster way 더 빠른 길 self-service station 셀프 주유소
U-turn 유턴 parking fee 주차 요금

66 사고 시

🔊 **What happened?**
무슨 일인가요?

I want to report a traffic accident on 5th avenue.

→ 5번가에서 난 사고를 신고하려 합니다.

It's just a little fender bender.

→ 그냥 접촉 사고예요.

There is an injured person here.

→ 여기 다친 사람이 있어요.

I want to call the insurance company.

→ 보험사에 연락하고 싶어요.

Can I get a tow truck?

→ 견인차를 부를 수 있나요?

✅ 가장 많이 쓰는 여행 단어

report 신고하다 traffic accident 교통사고 fender bender 접촉 사고
injured person 부상자 injure 부상을 입히다 insurance company 보험사
tow truck 견인차

⑥⑦ 법규 위반 시

🔊 Sir, pull over your car, please.
차를 갓길에 대세요.

I didn't know the speed limit.

→ 속도 제한을 몰랐어요.

I didn't see the stop sign.

→ 정지 신호를 못 봤어요.

How much is the fine?

→ 벌금이 얼마인가요?

I'm a just tourist.

→ 저는 그냥 여행객이에요.

Can you give me a break?

→ 한 번만 봐주실래요?

✔ 가장 많이 쓰는 여행 단어

speed limit 속도 제한   stop sign 정지 신호   fine 벌금   give ~ a break ~를 봐주다

⑥⑧ 주유

🔊 **What can I do for you?**
무엇을 도와드릴까요?

Please fill it up.

→ 가득 넣어주세요.

Thirty dollars, please.

→ 30달러어치 부탁드려요.

Diesel, please.

→ 디젤 부탁드립니다.

Regular unleaded, please.

→ 일반 휘발유 부탁드립니다.

Unleaded plus, please.

→ 고급 휘발유 부탁드립니다.

✔ **가장 많이 쓰는 여행 단어**

fill it up 가득 채우다   diesel 디젤   regular unleaded 일반 휘발유
unleaded plus 고급 휘발유

렌터카 이용 시 꼭 알아두어야 할 TIP

주행 중 꼭 알아두어야할 점

1. **일반 도로 속도 주의**

   우리가 사용하는 km와 미국에서 사용하는 mile의 단위를 혼동하여 한국에서의 습관대로 운전하다가 속도위반에 걸리는 경우가 많으니 주의하세요.

2. **스쿨존 속도 주의**

   스쿨존은 보통 30km 이하이므로 속도를 낮추세요. 벌금이 보통 300달러가 넘습니다.

3. **STOP SIGN 주의**

   1) STOP SIGN 있는 교차로 정지선에서 우선 차를 멈춥니다.

   2) 먼저 멈춘 다른 차량이 있는지 확인 후, 그 차량이 출발하고 나서 출발합니다.

   3) STOP SIGN의 안내판에 낯선 한국인들이 상당히 많이 걸리므로 반드시 주의합니다.

4. **장애인 주차 공간 주의**

   장애인 주차 공간은 잠깐이라도 절대 주차하지 마세요. 적발 시 벌금이 상당합니다.

5. **주행 중 긴급 차량 양보**

   주행 중 구급차나 소방차가 뒤에서 온다면 무조건 옆으로 비켜서 정차해야 합니다. 비켜주지 않거나 정차하지 않으면 위반으로 봅니다. 꼭 주의하세요.

6. **주유소 이용 시**

   영미권의 경우 셀프 주유소가 많습니다. 직접 주유기에 있는 신용카드 계산기로 계산하시고 주유하시면 됩니다. 현금으로 계산하실 경우 주유소에 있는 편의점 카운터에 가서 주유기 번호 말씀하시고 현금으로 결제 후 주유하시면 됩니다. 잘 모를 경우 편의점 직원들이 관리를 하므로 도움을 받으시면 됩니다.

7. **경찰차에 적발 되었을 경우**

   1) 경찰차가 뒤에서 정차를 요구한 경우, 무조건 정차하고 자리에 앉아 있으세요.

   2) 뒤에서 볼 수 있도록 두 손은 머리 위로 올리시고 절대 먼저 내리지 않습니다.

한 번 더 짚고 넘어가야 할 단어

버스 정류장 **bus station**	버스 정류장 **bus stop**
타다, 잡다 **take**	갈아타다, 환승하다 **transfer**
승차하다 **get on**	하차하다 **get off**
운행하다 **run**	역을 놓치다 **miss**
순환 **loop**	순환하다 **make a loop**

택시 승강장
taxi stand

택시
cab

합승하다
share

열다
open

트렁크
trunk

뒷좌석
back seat

미터기
fare meter

기본 요금
basic fare

거스름돈
change

영수증
receipt

지하철

subway

지하철역

subway station

지하철표

ticket

티켓 발매기

ticket machine

주간 운행

day

심야 운행

late night

1일 이용권

one-day pass

Line 1
Line 2
Line 3
Line 4
Transfer Station

호선

line

첫차

the earliest subway

막차

the last subway

기차
train

기차역
railway station

타다
ride in

플랫폼
platform

갈아타다, 바꾸다
change

특급 기차
express train

객실, 칸
compartment

침대칸
sleeping compartment

객차
coach

식당칸
dining section

국제운전면허증
international driver's license

하루 요금
daily rate

총 요금
total fare

연체료
late fee

(제자리로) 반납하다
return

(특정 장소에) 반납하다
drop off

에어컨
AC

헤드라이트
headlights

베터리
battery

네비게이션
navigation

작동하다
work

작동을 안 하다
stop working

작동을 안 하다
be out

작동을 안 하다
be dead

자동차 사고
traffic accident

보험사
insurance company

연락처
contact number

신고하다
report

과속
speeding

벌금
fine

속도 제한

speed limit

정지 신호

stop sign

접촉 사고

fender bender

견인차

tow truck

주유소

gas station

셀프 주유소

self-service station

가득 채우다

fill it up

디젤

diesel

일반 휘발유

regular

고급 휘발유

plus

오픈카

convertible

중형 세단

mid size

소형 SUV

compact SUV

미니 밴

minivan

SUV

standard SUV

쿠페

coupe

소형차

compact car

픽업 트럭

pickup

숙박하기

(호텔)

11

숙박하기
(호텔)

긴급상황

편의시설

관광하기

쇼핑하기

식사하기

숙박하기

✓ 가장 많이 쓰는 필수 문장

I would like to **check in.**

→ 체크인할게요.

Can I **leave my baggage until check-in?**

→ 체크인할 때까지 짐 좀 맡겨도 될까요?

What is **the Wi-Fi password?**

→ Wi-Fi 비밀번호가 무엇인가요?

I want **some more towels in my room.**

→ 제 방에 수건 몇 장 더 주세요.

How much **extra do I have to pay?**

→ 얼마나 더 내야 하나요?

69 체크인

What is your name, sir?
성함이 어떻게 되시나요?

I would like to check-in.
→ 체크인할게요.

Can I check in now?
→ 지금 체크인할 수 있나요?

I'd like to confirm my reservation.
→ 예약을 확인하고 싶어요.

It's Park, P.A.R.K.
→ 박입니다.

Can I leave my baggage until check-in?
→ 체크인할 때까지 짐 좀 맡겨도 될까요?

✅ **가장 많이 쓰는 여행 단어**

check-in 체크인   confirm my reservation 내 예약을 확인하다   confirm 확인하다, 확실히 하다
leave my baggage 내 가방을 두다, 맡기다

⑦⓪ 방 배정

🔊 Here are the room keys.
여기 방 열쇠 드릴게요.

What's my room number?
→ 제 방 번호가 몇인가요?

Can I get an upgrade?
→ 업그레이드 할 수 있나요?

Can I get a room on a higher floor?
→ 좀 더 높은 방으로 안 될까요?

What time is check-out?
→ 체크아웃은 몇 시 인가요?

Is there free Wi-Fi in the room?
→ 방에 무료 와이파이 있나요?

✅ 가장 많이 쓰는 여행 단어

room number 방 번호 get an upgrade 업그레이드를 받다 higher floor 고층
check-out 체크아웃 free Wi-Fi 무료 와이파이

㉛ 시스템 문의

🔊 **The shuttle leaves every 15 minutes,**
and it takes 25 minutes to get to the airport.
셔틀은 15분 마다 출발하며, 공항까지 25분 소요됩니다.

What is **the Wi-Fi password?**
→ Wi-Fi 비밀번호가 무엇인가요?

What time **is breakfast?**
→ 아침 식사는 몇 시 인가요?

Is there an **airport shuttle bus?**
→ 공항 셔틀버스가 있나요?

How often **does it run?**
→ 얼마나 자주 운행되나요?

Can I **borrow an adaptor?**
→ 어댑터를 빌릴 수 있나요?

✔ 가장 많이 쓰는 여행 단어

Wi-Fi password 와이파이 비밀번호 **breakfast** 조식 **shuttle bus** 셔틀버스 **run** 운행하다
adapter 어댑터

72 호텔 내 편의 시설 문의

🔊 **You can use the gym from 6 a.m. to 10 p.m.**
헬스장은 아침 6시부터 밤 10시까지 이용하실 수 있어요.

Is there a gym?
→ 헬스장이 있나요?

What time is the gym opening?
→ 헬스장은 몇 시에 오픈하나요?

Is there a swimming pool?
→ 수영장이 있나요?

Is there a bar in the hotel?
→ 호텔에 바가 있나요?

Can I use the sauna?
→ 사우나 이용 가능한가요?

✅ **가장 많이 쓰는 여행 단어**

from A to B A에서 B까지 gym 헬스장 swimming pool 수영장 bar 바 sauna 사우나

🔢 서비스 문의

🔊 May I have your room number, please?
방 번호 좀 알려 주시겠어요?

I want to order room service.

→ 룸서비스를 주문하고 싶어요.

I want some more towels in my room.

→ 제 방에 수건 몇 장 더 주세요.

Can I get a wake-up call at 6?

→ 6시에 모닝콜을 받을 수 있나요?

Can I get more amenities?

→ 추가 어메니티를 받을 수 있나요?

Can I get the laundry service?

→ 세탁 서비스를 받을 수 있나요?

✔ 가장 많이 쓰는 여행 단어

order a room service 룸 서비스를 주문하다 **order** 주문하다 **towel** 수건
wake-up call 모닝콜 **amenities** 어메니티 (호텔 편의 용품)
get the laundry service 세탁 서비스를 받다 **laundry** 세탁, 세탁물

🕖 불편 신고

🔊 I'll send someone to fix it.
사람을 보내서 고쳐드리겠습니다.

I can't find the slippers.

→ 슬리퍼를 못 찾겠어요.

I can't use hot water.

→ 따뜻한 물이 안 나와요.

I can't access the internet.

→ 인터넷 연결이 안 돼요.

I can't turn on the light.

→ 조명을 켤 수가 없어요.

I think I left my keys in my room.

→ 방에 열쇠를 두고 나온 거 같아요.

✅ 가장 많이 쓰는 여행 단어

slippers 슬리퍼   access 접근하다   turn on 켜다   left my keys 열쇠를 두고 오다
leave 놔두다

75 체크아웃

🔊 **How would you like to pay?**
지불은 어떻게 하실 건가요?

I would like to check-out.
→ 체크아웃하고 싶어요.

How much extra do I have to pay?
→ 얼마나 더 내야 하나요?

Is it possible to stay two more days?
→ 이틀 더 머물 수 있을까요?

Can you get me a taxi to the airport?
→ 공항까지 택시 좀 불러주실래요?

Could you keep my bags for a couple of hours?
→ 몇 시간 동안 제 짐 좀 맡아주실래요?

✅ **가장 많이 쓰는 여행 단어**

extra (fee) 추가 요금   **possible** 가능한   **get me a taxi** 나에게 택시를 불러주다
keep the bag 짐을 맡다   **a couple of** ~ 몇 ~

✈ 한 번 더 짚고 넘어가야 할 단어

프런트 데스크
front desk

보증금
deposit

봉사료
service charge

안내원
concierge

짐 보관
luggage keeping

운영 시간
hours of operation

룸서비스
room service

세탁 서비스
laundry service

셔틀버스
shuttle bus

모닝콜
wake-up call

금고
safe

슬리퍼
slippers

헤어드라이어
hair dryer

다리미
iron

온도 조절기
thermostat

어댑터
adaptor

편의 용품
amenity

침대 시트
bed sheet

목욕 가운
bath gown

옷걸이
hanger

 식사하기

(식당/카페)

12

식사하기
(식당/카페)

긴급상황

편의시설

관광하기

쇼핑하기

식사하기 ◎

숙박하기

✓ **가장 많이 쓰는 필수 문장**

I'm calling to **make a reservation for two tonight.**

→ 오늘 밤 두 사람 예약하려고 전화했어요.

Can you **put me on the waiting list?**

→ 대기자 명단에 올려주시겠어요?

Do you **take walk-ins?**

→ 예약 없이 가도 되나요?

Could you **recommend something to share?**

→ 같이 먹을 수 있는 걸로 추천해주실래요?

Check, please.

→ 계산서 주세요.

76 전화 예약

🔊 **What time would you like the reservation for?**
예약은 몇 시로 해드릴까요?

Do I have to make a reservation?
→ 예약을 해야 하나요?

I'm calling to make a reservation for two tonight.
→ 오늘 밤 2명 예약하려고 전화했어요.

Can you put me on the waiting list?
→ 대기자 명단에 올려주시겠어요?

I'd like to book a table for four at 6.
→ 오늘 6시에 4명 자리 좀 예약하려고요.

Do you take walk-ins?
→ 예약 없이 가도 되나요?

✅ **가장 많이 쓰는 여행 단어**

make a reservation 예약하다   put me on the waiting list 나를 대기자 명단에 올리다
waiting list 대기자 명단   table for four 4명 자리   walk-in 예약이 안 된

77 방문 예약

🔊 **We have a table for four available at 7.**
7시에 4명이 앉을 수 있는 테이블이 있습니다.

I would like a table for two.
→ 2명이 앉을 자리로 부탁합니다.

Do you have a table for three tonight?
→ 오늘 밤 3명이 앉을 자리 있나요?

May I add two people?
→ 2명 추가해도 되나요?

Is this a waiting list?
→ 이게 대기자 명단인가요?

How long should I wait?
→ 얼마나 기다려야 하죠?

✅ **가장 많이 쓰는 여행 단어**

add two people 2명을 추가하다   **add** 추가하다

78 변경/취소

🔊 **We're fully booked for tomorrow.**
내일은 만석입니다.

I'm calling to cancel my reservation.
→ 예약 취소하려고 전화했어요.

I'd like to cancel my reservation.
→ 예약 취소하고 싶어요.

I'd like to change the date.
→ 날짜 변경하고 싶어요.

I'd like to change it from 7 to 8.
→ 7시에서 8시로 변경하고 싶어요.

May I change my reservation to 9 p.m.?
→ 저녁 9시로 예약 변경해도 되나요?

✅ **가장 많이 쓰는 여행 단어**

be fully booked 완전히 꽉 차다   **cancel the reservation** 예약을 취소하다
change the date 날짜를 변경하다   **change ~ from 7 to 8** ~를 7시에서 8시로 변경하다

입구 대기

🔊 **How many?**

몇 분이신가요?

Two, please.

→ 2명이요.

We are a party of four, two adults and two kids.

→ 일행은 어른 2명, 아이 2명, 이렇게 4명이에요.

I'm waiting for someone.

→ 아직 일행이 안 왔어요.

There are three including myself.

→ 저까지 3명이에요.

We are three and we're waiting for one person.

→ 셋인데요, 아직 1명이 안 왔어요.

✅ **가장 많이 쓰는 여행 단어**

be a party of 4 총 4명입니다   **including myself** 나를 포함해서

80 입장 및 좌석 배정

🔊 **Please come this way.**
이쪽으로 오세요.

Do you have a coat check?
→ 외투 보관소가 있나요?

May I get a seat by the window?
→ 창가 자리로 주실 수 있나요?

Can you put these tables together?
→ 여기 테이블 좀 붙여주실래요?

Can I move to the next table?
→ 옆 자리로 옮겨도 되나요?

Do you mind sharing the table?
→ 같이 앉아도 되나요?

✅ 가장 많이 쓰는 여행 단어

coat check 외투 보관소   by the window 창가의   put ~ together ~를 붙이다   move 옮기다
Do you mind ~ing ~ 하는 것 괜찮은가요?   mind 꺼리다, 신경 쓰다   share 공유하다

㉛ 메뉴 요청

🔊 **May I take your order?**
주문하시겠어요?

Can I have the menu?

→ 메뉴판 좀 주실래요?

We are ready to order.

→ 우리 주문할게요.

I'm not ready yet.

→ 아직 준비 안 됐어요.

Let me order a bit later.

→ 잠시 후 주문할게요.

I'll make an order when I'm ready.

→ 준비되면 시킬게요.

✅ **가장 많이 쓰는 여행 단어**

menu 메뉴판   be ready 준비되다   order 주문하다   a bit later 잠시 후
make an order 주문하다

㉜ 물 주문

🔊 Sparkling or still?
탄산수랑 생수 중에서 뭘로 드릴까요?

Just some sparkling water, please.

→ 그냥 탄산수 주세요.

What is the size of sparkling?

→ 탄산수 크기가 얼마나 하나요?

Do you have tab water?

→ 그냥 물 있나요?

How much is it for one bottle?

→ 한 병에 얼마인가요?

No ice, please.

→ 얼음 빼고 주세요.

✅ 가장 많이 쓰는 여행 단어

sparkling water 탄산수   **still water** 일반 물 (판매하는 물)   **tab water** 수돗물
for one bottle 한 병당

메뉴에 대한 문의 - 1

🔊 **Our signature menu is the T-bone steak.**
저희의 대표 메뉴는 티본스테이크입니다.

What is the signature dish here?
→ 여긴 무엇이 맛있나요?

What do you recommend for a main dish?
→ 메인 요리로 무엇을 추천하시나요?

Could you recommend something to share?
→ 같이 먹을 수 있는 걸로 추천해주실래요?

What's your favorite?
→ 무엇을 제일 잘하나요?

Do you have some local food?
→ 현지 음식이 있나요?

✅ **가장 많이 쓰는 여행 단어**

signature dish 대표 요리   **recommend** 추천하다   **share** 공유하다   **favorite** 가장 좋아하는
local food 현지 음식

메뉴에 대한 문의 – 2

🔊 **Do you need any recommendation?**
추천 필요하신가요?

Do you have a lunch special?
→ 점심 특선 메뉴가 있나요?

What is today's special?
→ 오늘의 특선 요리가 뭔가요?

I'd like to have local food.
→ 현지 음식이 먹고 싶어요.

What is this made of?
→ 이것은 무엇으로 만들어졌나요?

Is this organic?
→ 유기농 제품인가요?

✅ **가장 많이 쓰는 여행 단어**

lunch special 점심 특선   today's special 오늘의 요리   be made of ~ ~로 만들어진
organic 유기농

85 메뉴 주문

🔊 **Can I get you anything else?**
더 필요한 것 있으신가요?

A lunch special, please.

→ 점심 특선으로 주세요.

I would like a chicken salad.

→ 치킨샐러드를 주세요.

I would like a cheesecake to share.

→ 치즈케이크 하나 주세요. 함께 먹으려고요.

Make it two, please.

→ 같은 걸로 주세요.

She is going to have T-bone steak and I am going to have rib steak.

→ 이 여자 분은 티본스테이크고요, 저는 등심스테이크로 해주세요.

✔ **가장 많이 쓰는 여행 단어**

chicken salad 치킨샐러드 **cheesecake** 치즈케이크 **T-bone steak** 티본스테이크
rib steak 등심스테이크

86 스테이크 주문

🔊 **How would you like your steak?**
스테이크 굽기는 어떻게 해드릴까요?

Well-done, please.
→ 웰던으로 해주세요.

Medium rare, please.
→ 미디엄 레어로 해주세요.

I want **it rare**.
→ 레어로 해주세요.

It's **overcooked**.
→ 너무 익었는데요.

It's **undercooked**.
→ 덜 익었어요.

✔ 가장 많이 쓰는 여행 단어

well-done 바싹 잘 익은   **medium** 중간 정도 굽기의   **medium rare** 미디엄보다 덜 익은
rare 덜 익은   **be overcooked** 너무 익다   **be undercooked** 덜 익다

87 계란 요리 주문

🔊 **How do you want your egg?**
달걀 어떻게 해드릴까요?

I want it sunny side up.

→ 한쪽만 반숙으로 해주세요.

Over easy, please.

→ 반숙으로 해주세요.

Over hard, please.

→ 완숙으로 해주세요.

I want scrambled egg.

→ 스크램블드에그로 해주세요.

Poached egg, please.

→ 수란으로 해주세요.

✓ 가장 많이 쓰는 여행 단어

sunny side up 한쪽 노른자는 그대로 놔두고 익힌   **over easy** 한쪽은 다 익고 한 쪽은 살짝 만 익힌
over hard 완숙인   **scrambled egg** 스크램블드에그   **poached egg** 수란

🔊 **What would you like for your side dish?**
사이드 메뉴로 어떤 걸 원하시나요?

French fries, please.
→ 감자튀김 주세요.

Mashed potatoes would be good.
→ 으깬 감자 요리가 좋겠어요.

A baked potato would be great.
→ 통감자구이가 낫겠어요.

I want two hash browns.
→ 해쉬브라운 두 개로 할게요.

Potato wedges, please.
→ 통감자튀김으로 할게요.

✔ **가장 많이 쓰는 여행 단어**

french fries 감자튀김   mashed potatoes 으깬 감자   mash 부드럽게 으깨다
baked potato 통감자구이   bake 굽다   hash browns 다진 감자와 양파를 섞어 노릇하게 지진 요리
potato wedges 통감자튀김

89 소스 주문

🔊 Which sauce do you prefer?
소스는 뭘로 드릴까요?

Mustard, please.

→ 겨자소스로 주세요.

I want oyster sauce.

→ 굴소스가 좋아요.

I'd like ketchup on the side.

→ 케첩을 접시 한쪽에 주세요.

Balsamic vinegar would be good.

→ 발사믹식초가 좋겠어요.

Please serve it with cream sauce and chili sauce.

→ 크림소스와 칠리소스 둘 다 주세요.

✓ 가장 많이 쓰는 여행 단어

mustard 겨자소스   oyster sauce 굴소스   ketchup 케첩   on the side 따로, 접시 한쪽에
balsamic vinegar 발사믹식초   cream sauce 크림소스   chili sauce 칠리소스

⑨⓪ 요청 사항 – 1

🔊 **Sure, I will make a note.**
네, 표시해두겠습니다.

No cilantro, please.

→ 고수는 빼주세요.

Hold the mayo, please.

→ 마요네즈는 빼주세요.

Please **do not make it salty.**

→ 짜지 않게 해주세요.

Not spicy, please.

→ 안 맵게 해주세요.

Go easy on the mayo, please.

→ 마요네즈는 너무 많이 넣지 마세요.

✅ **가장 많이 쓰는 여행 단어**

cilantro 고수   hold 빼다   mayo 마요네즈   salty 짠   spicy 매운
go easy on ~ ~를 조금만 넣다

91 요청 사항 - 2

🔊 **Is everything okay?**
불편 사항은 없으신가요?

Can you **cut it in half?**
→ 반으로 잘라주실래요?

Can you **warm it up, please?**
→ 데워주실 수 있나요?

Can you **clear the table?**
→ 테이블을 치워주실 수 있나요?

Can you **bring them all together?**
→ 음식 한꺼번에 주실래요?

Can you **bring them separately?**
→ 음식 차례대로 주실래요?

✓ 가장 많이 쓰는 여행 단어

cut ~ in half ~를 반으로 자르다   **warm up** 데우다   **clear the table** 테이블을 치우다
bring ~ all together ~를 한 번에 가져오다   **separately** 따로, 차례대로

92 서비스 컴플레인

🔊 **I'm so sorry about that.**
정말 죄송합니다.

This is not what I ordered.
→ 제가 주문한 메뉴가 아니에요.

Do I have to wait for a long time?
→ 오래 기다려야 하나요?

It is past the expiration date.
→ 이거 유통 기한이 지났어요.

I didn't get served anything yet.
→ 지금까지 아무것도 안 나왔어요.

I had better speak to the person in charge.
→ 담당자 분과 직접 얘기하는 게 낫겠어요.

✅ 가장 많이 쓰는 여행 단어

wait for a long time 오래 기다리다 **expiration date** 유통 기한
get served 서빙을 받다, 음식이 나오다 **person in charge** 담당자

93 음식 컴플레인

🔊 **Let me change it for you.**
바꿔드리겠습니다.

It's too **salty.**
→ 이거 너무 짜요.

It's too **spicy**
→ 너무 매워요.

It's **undercooked.**
→ 이거 덜 익었어요.

It's **burnt.**
→ 이거 탔어요.

It's **cold.**
→ 이거 식었어요.

✅ **가장 많이 쓰는 여행 단어**

salty 짠　**spicy** 매운　**undercooked** 덜 익은　**burnt** 바싹 탄　**cold** 식은, 차가운

94 포장

🔊 **Are you done with your meal?**

식사는 마치셨나요?

Can I get a to-go box?

→ 남은 음식 포장해 갈 박스 있나요?

Can I get a doggy bag?

→ 남은 음식 좀 포장해 갈 수 있나요?

Can I get it wrapped up?

→ 이거 좀 포장할 수 있나요?

Can you wrap this up?

→ 이거 좀 싸주시겠어요?

Can you pack them separately?

→ 따로 싸주시겠어요?

✓ 가장 많이 쓰는 여행 단어

to-go box/ doggy bag 남은 음식 포장할 상자/봉투   wrap up 포장   pack 포장
separately 따로

95 후식 주문

Would you like something for dessert?
디저트 주문하시겠어요?

I'd like some dessert.

→ 디저트 먹을게요.

What do you have for dessert?

→ 디저트 종류는 무엇이 있나요?

I'd like some coffee.

→ 커피로 할게요.

I'd like some ice cream, please.

→ 아이스크림으로 할게요.

I'm full. I'll skip dessert.

→ 배불러요. 디저트는 안 먹을게요.

✅ 가장 많이 쓰는 여행 단어

dessert 디저트 **coffee** 커피 **ice cream** 아이스크림 **full** 배부르다 **skip** 건너뛰다

🔊 **How was your dinner?**
저녁 식사는 어떠셨나요?

Check, please.
→ 계산서 주세요.

Can I have the check?
→ 계산서 좀 주시겠어요?

How much is it in total?
→ 다 합해서 얼마인가요?

How much is it per person?
→ 1인당 얼마인가요?

Is the tip included?
→ 팁이 포함된 건가요?

✅ **가장 많이 쓰는 여행 단어**

check 계산서 in total 총합계 per person 인당 tip 팁 be included 포함되다

97 결제 방식 문의

🔊 **Here is the bill.**
계산서 드릴게요.

Do I have to **pay in advance?**
→ 미리 내야 하나요?

I have **some coupons.**
→ 저 쿠폰을 좀 가지고 있어요.

Do I have to **pay here or at the front?**
→ 여기서 낼까요, 프런트에서 낼까요?

Do I have to **pay with cash only?**
→ 계산은 현금으로만 할 수 있나요?

Could you **split the bill?**
→ 각자 계산해주실 수 있나요?

✅ **가장 많이 쓰는 여행 단어**

pay in advance 선불하다 **coupon** 쿠폰 **pay at the front** 프런트에서 지불하다
cash only 현금으로만 **split the bill** 각자 계산하다

98 결제 오류

🔊 **Your total comes to $72.**
총 72달러입니다.

I think the bill is wrong.
→ 계산서가 잘못 나온 것 같아요.

There's a mistake in the bill.
→ 계산서에 오류가 있어요.

What is this for?
→ 이건 무슨 가격이죠?

I think you gave me the wrong change.
→ 잔돈을 잘못 주신 것 같아요.

I think you charged me twice by mistake.
→ 실수로 2번 계산하신 것 같아요.

✅ 가장 많이 쓰는 여행 단어

mistake 실수, 오류   **give the wrong change** 잔돈을 잘못 계산해서 주다
charge twice 2번 계산하다

99 카페 주문하기

🔊 Can I take your order?
주문하시겠어요?

One americano, please.

→ 아메리카노 한 잔이요.

Iced, please.

→ 아이스로요.

Can you make it hotter?

→ 조금 더 뜨겁게 해주실 수 있나요?

Make it small, please.

→ 작은 걸로 주세요.

Can I get a small cup of ice?

→ 얼음을 작은 컵에 받을 수 있을까요?

✔ 가장 많이 쓰는 여행 단어

americano 아메리카노   **make ~ hotter** ~를 더 뜨겁게 하다   **make it small** 작은 사이즈로 하다
a cup of ice 얼음 한 컵

⑩⑩ 요구 사항

🔊 **Here or to go?**

여기서 드시나요, 테이크아웃하시나요?

(I'll have) For here.

→ 여기서 마실게요.

Can I get a carrier?

→ 캐리어 주시겠어요?

Can you put a sleeve on it?

→ 컵 홀더 좀 씌워주실래요?

Can I get a refill?

→ 리필 되나요?

Is Wi-Fi available here?

→ 여기 와이파이 되나요?

✅ **가장 많이 쓰는 여행 단어**

for here 매장에서 먹다/마시다   **carrier** 케리어   **sleeve** 홀더   **refill** 리필

맛이 단
sweet

맛이 짠
salty

매운
spicy

맛이 쓴
bitter

맛이 신
sour

싱거운
bland

느끼한
cheesy

바삭한
crispy

질긴
tough

즙이 많은
juicy

한쪽 노른자는 그대로 놔두고 익힌
sunny side up

한쪽은 다 익고 한쪽은 살짝만 익힌
over easy

완숙인
over hard

스크램블드에그
scrambled egg

수란
poached egg

감자튀김
French fires

으깬 감자
mashed potatoes

통감자구이
baked potato

다진 감자와 양파를 섞어
노릇하게 지진 요리
hash brown

통감자튀김
potato wedges

등심
rib eye

갈비
rib

채끝
sirloin

안심
tenderloin

티본(등심+안심)
T-bone steak

아주 잘 익은
well done

적당히 잘 익은
medium well done

중간 정도로 익은
medium

적당히 덜 익은
medium rare

덜 익은
rare

전채 요리

appetizer

주요리

entree

디저트

dessert

음료

beverage

일품 요리

a la carte

정식(정식 가격)

prix fixe

미리 만든 음식을 갖고 가는 시스템

grab and go

주문한 음식을 갖고 가는 시스템

to go

정식 제공 식당

dining room

작은 식당

bistro

 쇼핑하기
〔상점〕

13

쇼핑하기
(상점)

☑ **가장 많이 쓰는 필수 문장**

Where is the fitting room?

→ 탈의실은 어디에 있나요?

I'm just looking around.

→ 그냥 혼자 구경 좀 하려고요.

Is it on sale?

→ 세일 중인가요?

Can I try it on?

→ 이거 입어봐도 돼요?

I'll take this.

→ 이걸로 할게요.

🔟 매장 안 위치

🔊 **It's on the second floor.**
2층에 있습니다.

Where is the men's section?

→ 남성 코너는 어디에 있나요?

Where is the shopping cart?

→ 쇼핑 카트는 어디에 있나요?

Where is the fitting room?

→ 피팅룸은 어디에 있나요?

Where is the nearest ATM?

→ 가장 가까운 ATM은 어디에 있나요?

Where is the cashier?

→ 계산대는 어디에 있나요?

✅ **가장 많이 쓰는 여행 단어**

men's section 남성용 매장   cart 카트, 수레   fitting room 탈의실   cashier 계산대

102 매장 안 둘러보기

🔊 **Do you need help?**
도움이 필요하신가요?

I'm just looking around.
→ 그냥 혼자 구경 좀 하려고요.

I'm looking for some new arrivals.
→ 신상품을 찾고 있어요.

I'm here to buy a gift for my parents.
→ 부모님에게 드릴 선물을 사러 왔어요.

What's the most popular item here?
→ 여기에서 가장 잘 나가는 상품이 무엇이죠?

Can you show me that one?
→ 저것 좀 보여주실래요?

✅ 가장 많이 쓰는 여행 단어

look around 둘러 보다　**new arrival** 신상품　**popular** 유명한, 인기 있는　**item** 아이템, 품목

제품 판매/재고 문의

🔊 Can I help you find something?
찾으시는 거 있나요?

Is it **sold out?**
→ 이거 품절됐나요?

Is it **on sale?**
→ 세일 중인가요?

Is it **new?**
→ 이거 새 상품인가요?

Is it **for women?**
→ 이거 여성용인가요?

Is it **the last one?**
→ 이거 마지막 남은 것인가요?

✔ **가장 많이 쓰는 여행 단어**

be sold out 다 팔리다   **be on sale** 세일 중이다

 **제품 세탁 문의**

🔊 **It's 100% silk. Dry clean only.**
실크 100%입니다. 드라이만 가능해요.

Does it shrink in the wash?

→ 세탁하면 줄어들까요?

Does it lose color with time?

→ 시간이 지나면 색이 바랠까요?

Can I load the washer?

→ 세탁기에 돌려도 될까요?

Do I have to wash it in cold water?

→ 찬물에 세탁해야 하나요?

Do I have to do dry cleaning?

→ 드라이 해야 하나요?

✅ **가장 많이 쓰는 여행 단어**

shrink 줄어들다, 수축하다   in the wash 세탁 중   lose color 색을 잃다, 색이 바래다
load the washer 세탁하다   dry clean 드라이클리닝

착용

🔊 What size do you wear?
어떤 사이즈 입으시나요?

Can I try it on?
→ 이거 입어봐도 돼요?

What size should I try on?
→ 어떤 사이즈를 입어봐야 할까요?

Do you have this in my size?
→ 이거 저에게 맞는 사이즈도 있을까요?

Medium size would be good.
→ 미디엄 사이즈가 좋겠어요.

Is this a line for the fitting room?
→ 이게 탈의실 기다리는 줄인가요?

✅ 가장 많이 쓰는 여행 단어

try on 입어보다   in my size 내 사이즈에 맞는   line for ~ ~를 위한 줄

착용감 설명

🔊 **It looks good on you.**
잘 어울리세요.

It doesn't fit me.

→ 저한테 잘 안 맞아요.

It is really loose around my neck.

→ 목 부분이 너무 헐렁하네요.

I think it's too big for me.

→ 저에게 너무 큰 것 같아요.

The sleeves are too long.

→ 소매가 너무 길어요.

The pants are too tight in the hips.

→ 엉덩이 부분이 너무 꽉 끼네요.

✔ **가장 많이 쓰는 여행 단어**

fit 맞다 loose 헐렁한 around my neck 내 목 주위에 sleeves 소매 pants 바지
tight 꽉 끼는 in the hips 엉덩이 부분이

색/스타일 설명

🔊 **What color do you like?**
무슨 색 좋아하시나요?

I don't like the color.

→ 색깔이 마음에 들지 않아요.

This color is so amazing.

→ 이 색 진짜 예쁘네요.

It's too tacky.

→ 너무 촌스러워요.

This style is too loud.

→ 이 스타일 너무 튀네요.

I think this color matches my coat.

→ 색깔이 제 코트랑 어울리는 것 같네요.

✔ **가장 많이 쓰는 여행 단어**

amazing 놀라운, 굉장한 tacky 조잡한, 싸구려 같은 loud 시끄러운, 요란한 match 어울리다

 **다른 제품 문의**

🔊 We don't have it in your size.
고객님 사이즈로는 없습니다.

Do you have a smaller one?
→ 더 작은 사이즈가 있나요?

Can I try a bigger one?
→ 더 큰 사이즈를 입어볼 수 있나요?

Is it the largest one?
→ 이게 가장 큰 것인가요?

I'd like to get a new one.
→ 새로운 것으로 받고 싶습니다.

Do you have the same one in different colors?
→ 이걸로 다른 색상도 있나요?

✅ 가장 많이 쓰는 여행 단어

bigger one 좀 더 큰 것   the largest one 가장 큰 것   the same one 같은 것
in different colors 다른 색상의

109 가격 문의

🔊 **We are having a clearance sale.**
지금 재고 정리 세일 중입니다.

How much is this?

→ 이거 얼마인가요?

How much is this shirt?

→ 이 셔츠 얼마인가요?

How much is this pants?

→ 이 바지 얼마인가요?

It does not have a price tag.

→ 가격표가 없네요.

How much is the original price?

→ 정가는 얼마인가요?

✅ **가장 많이 쓰는 여행 단어**

clearance sale (재고) 정리 세일   price tag 가격표   original price 정가

⑪⓪ 가격 흥정

🔊 It's already discounted.
이미 할인된 가격입니다.

It is too expensive.

→ 너무 비싸요.

I can't afford it.

→ 그거 살 수 없어요.

This is all that I have.

→ 이게 제가 가진 전부인데요.

Can I get a discount?

→ 할인 받을 수 있나요?

Is it cheaper if I pay in cash?

→ 현금으로 하면 싸게 해주시나요?

✅ 가장 많이 쓰는 여행 단어

afford ~ 살 능력이 되다   **all that I have** 내가 가진 전부   **cheaper** 더 싸게
pay in cash 현금으로 지불하다

⑪ 구입 의사

🔊 **You are lucky. These items are on sale.**
운이 좋으시네요. 이 제품들은 세일 중이에요.

I'll take this.

→ 이걸로 할게요.

I'd like both.

→ 둘 다 할게요.

I'd like to get this.

→ 이걸로 할게요.

I don't like it.

→ 별로예요.

I'll come back later.

→ 나중에 올게요.

✅ **가장 많이 쓰는 여행 단어**

be on sale 세일 중이다   **both** 둘 다

⑪ 계산

🔊 **Cash or credit card?**
현금으로 하시겠어요, 카드로 하시겠어요?

Are you **in line?**
→ 줄 서신 거 맞나요?

How much **is the total?**
→ 총 얼마인가요?

Is it **refundable?**
→ 환불 가능한가요?

Can I **get a tax refund?**
→ 세금 환급을 받을 수 있나요?

Where can I **ask for a tax refund?**
→ 세금 환급은 어디에서 요청드리나요?

✅ **가장 많이 쓰는 여행 단어**

be in line 줄 서다   **refundable** 환불 가능한   **ask for** 요청하다

⑪⑬ 포장/배송

🔊 Do you need a bag?
봉투 필요하신가요?

Can you put it in the shopping bag?
→ 쇼핑백에 담아주실래요?

Could you give me an extra bag?
→ 쇼핑백으로 하나 더 주실 수 있나요?

I don't need a plastic bag.
→ 비닐봉지는 필요없어요.

Do you have delivery service?
→ 배송 서비스 있나요?

How long does it take to be delivered?
→ 배송되는 데 얼마나 걸리나요?

✅ 가장 많이 쓰는 여행 단어

extra bag 여분의 백   plastic bag 비닐봉지   delivery service 배송 서비스   deliver 배송하다

114 계산 오류

🔊 **It's $47 in total.**
총 47달러입니다.

I think it's too expensive.
→ 너무 비싼 거 같아요.

I think they overcharged me.
→ 저 바가지 쓴 것 같아요.

I think the bill is wrong.
→ 계산서가 잘못 된 거 같아요.

Are you in charge of this store?
→ 이 가게의 책임자신가요?

I think you gave me the wrong change.
→ 잔돈을 잘못 주신 거 같아요.

☑ **가장 많이 쓰는 여행 단어**

expensive 값비싼   overcharge 바가지를 씌우다   in charge of ~ ~의 책임자인

115 교환/반품/환불

🔊 **Can I see the receipt?**
영수증 좀 보여주시겠어요?

Is it possible to exchange?
→ 교환 가능한가요?

Can I exchange this for another one?
→ 다른 걸로 교환해도 되나요?

Can I change the color?
→ 색깔 좀 바꿀 수 있을까요?

I'd like to return this.
→ 이거 반품하고 싶어요.

I'm here to get a refund on this.
→ 이거 환불 받으러 왔어요.

✅ **가장 많이 쓰는 여행 단어**

receipt 영수증   **exchange** 교환하다   **get a refund on ~** ~에 대해 환불 받다

🔵 화장품 문의

🔊 **May I help you?**
도움이 필요하신가요?

I'd like to buy some cosmetics.
→ 화장품 좀 사고 싶은데요.

I'm looking for skin lotion.
→ 스킨 로션 찾아요.

Do you have sunscreen?
→ 선크림 있나요?

Do you have samples for testing?
→ 테스트용 샘플 있나요?

Can I try this?
→ 이거 해봐도 돼요?

✅ **가장 많이 쓰는 여행 단어**

cosmetics 화장품   **skin lotion** 스킨 로션   **samples** 견본, 샘플   **for testing** 테스트용

피부 타입 설명

🔊 **What type of skin do you have?**
어떤 피부 타입이세요?

My skin is too dry.

→ 제 피부는 너무 건조해요.

I have oily skin.

→ 제 피부는 지성이에요.

I have combination skin.

→ 제 피부는 복합성이에요.

I have light skin.

→ 제 피부색은 밝은 편이에요.

Do you have something that matches my skin color?

→ 제 피부색에 맞는 것 있을까요?

✅ **가장 많이 쓰는 여행 단어**

dry 건조한 oily 기름진, 지성의 combination 복합성 light 밝은

118 화장품 성능

🔊 **This one is very popular.**
이 제품 아주 잘 나가요.

Does it help improve wrinkles?
→ 이거 주름을 개선해주나요?

Is this mascara waterproof?
→ 이 마스카라는 방수인가요?

The scent is too strong.
→ 향이 너무 진해요.

Which one has the most covering power?
→ 어떤 게 커버력이 가장 좋나요?

Can I carry it on board?
→ 기내에 갖고 탈 수 있나요?

✅ 가장 많이 쓰는 여행 단어

improve wrinkles 주름을 개선시키다   improve 향상시키다, 개선시키다   wrinkles 주름
mascara 마스카라   waterproof 방수형의, 방수인   scent 향기   strong (향이) 강한
covering power 커버력   carry 지니고 다니다

기념품 문의

🔊 Are you looking for anything in particular?
특별히 찾으시는 제품 있나요?

I want to get fridge magnets.
→ 냉장고 자석 좀 사려고요.

I want to get a souvenir for my friend.
→ 친구 기념품 사주려고 해요.

What is a good local souvenir?
→ 어떤 것이 훌륭한 현지 기념품인가요?

I think it is cheaper at other stores.
→ 다른 가게에서는 더 싸던데요.

Could you gift-wrap this?
→ 이거 선물 포장 해줄 수 있나요?

✅ **가장 많이 쓰는 여행 단어**

in particular 특별히 fridge magnets 냉장고에 붙이는 기념품 자석 fridge 냉장고
souvenir 기념품 gift-wrap 선물 포장하다

⑫⓪ 장난감 문의

🔊 I'm afraid it's out of stock.
품절인 거 같습니다.

Where is the toddler section?
→ 유아 용품은 어디 있나요?

I want to get some toys for infants.
→ 영유아용 장난감 사고 싶어요.

Can you help me find a 7 year-old boy's present?
→ 7살짜리 아이용 선물 괜찮은 거 좀 찾아주실래요?

What is this made of?
→ 무엇으로 만들어졌죠? (재질이 무엇인가요?)

Is it safe to be used by children?
→ 아이들이 사용하기에 안전한가요?

✅ 가장 많이 쓰는 여행 단어

out of stock 품절　**the toddler section** 유아용품 코너　**toddler** 걸음마를 하기 시작한 아이
infants 영유아　**safe** 안전한

쇼핑 시 꼭 알아두어야 할 TIP

매장에 들어가서

1. **도움이 필요 없을 때**

   매장에 들어갔는데 점원이 도와줄 것은 없는지 물어보면 "I'm just looking around" 라고 하시면 됩니다.

2. **도움이 필요할 때**

   도움이 필요할 때는 "Yes, I'm looking for ~" 라고 하면 도움을 받을 수 있습니다.

3. **점원이 도와주고 있을 때**

   혹시 또 다른 점원이 같은 질문을 하면 "Someone is helping me" 라고 하면 됩니다.

계산할 때 주의할 점

1. **신용카드로 구매할 때**

   간혹 신용카드로 구매 시 단말기에 사인을 받을 때 신용카드 뒤의 사인과 본인의 사인이 맞는지 확인하는 경우가 있습니다. 반드시 같은 사인으로 하시길 바랍니다.

2. **결제 전**

   환불은 가능한지, 교환은 가능한지 반드시 물어보시기 바랍니다. 미국에서 구매하는 제품의 경우 대부분 일정 기간 내에 교환이나 환불 되는 것이 원칙입니다. 또한, tax refund 절차도 반드시 숙지하고 처리하시기 바랍니다. 백화점에서 구매 시 지정 장소에서 바로 현금으로 환급해주는 경우가 많으니 굳이 공항에서 환급 받아야 하는지 확인하세요.

3. **결제 후**

   항상 영수증을 받아서 잘 간직하는 습관을 들이세요. 환불이나 교환은 주로 영수증을 바탕으로 이루어지므로 여행 중 아무 생각 없이 영수증을 버렸다가 낭패를 보는 경우가 생길 수 있습니다. 신용카드로 계산하셨다면 카드 결제 내역을 요구하시면 됩니다.

✈

한 번 더 짚고
넘어가야 할 단어

남성 코너 **men's section**	탈의실 **fitting room**
둘러보다 **look around**	세일 중 **on sale**
선물 **gift**	신상품 **new arrival**
입어보다 **try on**	딱 맞다 **fit**
바지 **pants**	치마 **skirt**

SALE

재킷	코트
jacket	**coat**
목 부분	가슴 부분
around the neck	**around the chest**
어깨 부분	허리 부분
around the shoulders	**around the waist**
엉덩이 부분	소매
in the hips	**sleeves**
꽉 낀	헐렁한
tight	**loose**

드라이클리닝 하다 **dry clean**	세탁기 **washer**
줄어들다 **shrink**	색이 바래다 **lose color**
촌스런 **tacky**	튀는 **loud**
어울리다 **match**	가격표 **price tag**
정가 **original price**	살 여유가 있다 **afford**

할인 받다
get a discount

현금으로 지불하다
pay in cash

환불 가능한
refundable

세금 환급
tax refund

비닐봉지
plastic bag

배송 서비스
delivery service

바가지를 씌우다
overcharge

교환하다
exchange

반품하다
return

~ 를 책임지는
in charge of ~

화장품
cosmetics

스킨 로션
skin lotion

선크림
sunscreen

견본, 샘플
samples

건성의
dry

지성의
oily

복합성의
combination

밝은
light

향상시키다
improve

주름
wrinkles

방수의

waterproof

커버력

covering power

지역의

local

기념품

souvenir

냉장고

fridge

자석

magnet

선물 포장하다

gift-wrap

품절인

out of stock

영유아

infant

유아

toddler

관광하기

[관광지]

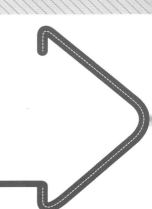

14 관광하기
(관광지)

긴급상황

편의시설

관광하기 ◎

쇼핑하기

식사하기

숙박하기

✓ **가장 많이 쓰는 필수 문장**

Can I get a tourist map?

→ 관광 지도를 받아볼 수 있을까요?

Is there a nearby tourist attraction?

→ 근처에 관광 명소가 있나요?

How much is the admission fee?

→ 입장료는 얼마예요?

What time do you close?

→ 언제 폐장하나요?

May I take a photo here?

→ 여기서 사진 찍어도 되나요?

121 관광지 위치 정보

🔊 **How about a bus tour around the city?**
시내 버스 투어는 어떠신가요?

Can I get a city map?
→ 시내 지도를 받아볼 수 있을까요?

Can I get a tourist map?
→ 관광 지도를 받아볼 수 있을까요?

Where is the best place to visit?
→ 가장 가볼 만한 장소는 어디죠?

Is there a nearby tourist attraction?
→ 근처에 관광 명소가 있나요?

Where can I go for a day trip?
→ 당일치기 관광할 수 있는 곳이 어디인가요?

✅ **가장 많이 쓰는 여행 단어**

city map 시내 지도 tourist map 여행 지도 nearby 근처에 tourist attraction 관광 명소
day trip 당일치기 관광

길 묻기

🔊 It's right across the street.
바로 길 건너에 있어요.

I'm trying to find Bryant Park.

→ 브라이언트파크 찾고 있어요.

Which way is Central Park?

→ 센트럴파크까지 어떻게 가나요?

Where is the closest convenience store?

→ 가장 가까운 편의점은 어디에 있나요?

How long does it take from here by walking?

→ 여기서 걸어서 얼마나 걸리나요?

Could you show me where I am on this map?

→ 이 지도에서 제가 어디에 있는지 알려주실래요?

✅ 가장 많이 쓰는 여행 단어

which way 어느 방향으로   **the closest** 가장 가까운   **convenience store** 편의점
by walking 걸어서

123 길 대답하기

🔊 **Where is the nearest bank?**
가장 가까운 은행이 어딘가요?

I'm also a stranger here.

→ 저도 여기 처음이에요.

It's right on the corner.

→ 바로 코너에 있어요.

Please keep walking all the way down.

→ 저쪽으로 쭉 내려가세요.

I'll take you there.

→ 거기까지 모셔다드릴게요.

It would be hard to miss.

→ 쉽게 찾을 거예요.

✅ **가장 많이 쓰는 여행 단어**

stranger 이방인 **all the way** ~까지 쭉 **miss** 길을 잃다, 놓치다

124 티켓 구입

🔊 **Students can get a 20% discount.**
학생은 20% 할인 가능합니다.

Is there any discount for the students?
→ 학생 할인 되나요?

How much is the admission fee?
→ 입장료는 얼마예요?

How much does it cost for one ticket?
→ 티켓 한 장에 얼마나 하나요?

Should I buy the ticket in advance?
→ 티켓을 미리 구입해야 하나요?

Do I have to get a ticket online?
→ 온라인에서 표를 구입해야 하나요?

✓ **가장 많이 쓰는 여행 단어**

discount 할인   **admission fee** 입장료   **cost** (값, 비용이) ~ 들다   **in advance** 미리
online 온라인으로

 **관광지 입구**

🔊 Please line up here for the entrance.
입장은 여기서 줄 서주세요.

Where is **the entrance?**
→ 입구가 어디죠?

What is **this line for?**
→ 이거 무슨 줄인가요?

Please do not **cut in line.**
→ 새치기하지 말아주세요.

What does **that sign mean?**
→ 저 표지판이 무엇을 의미하나요?

What does **that announcement explain?**
→ 저 안내 방송이 무엇을 설명하고 있나요?

✅ 가장 많이 쓰는 여행 단어

entrance 입구   cut in line 새치기하다   sign 표지판   announcement 안내 방송
explain 설명하다

🔊 **Camera flash is not allowed.**
카메라 플래시는 금지입니다.

Do you **have a Korean version?**
→ 한국어 버전 있나요?

When do **I have to return it?**
→ 언제 반납해야 해요?

What time **do you close?**
→ 언제 폐장 하나요?

Can I **get some tips about this area?**
→ 이 관광지에 대한 정보 좀 얻을 수 있나요?

May I **take a photo here?**
→ 여기서 사진 찍어도 되나요?

 **가장 많이 쓰는 여행 단어**

Korean version 한국어 버전   return 반납하다   tip 정보

관광지 운영 정보 – 2

🔊 **Sorry, we are sold out for today.**
죄송하지만 오늘은 매진입니다.

Is it also open to public?
→ 여기도 개방되어 있나요?

Do I have to book a seat for the show?
→ 공연 관람을 위해 좌석을 예매해야 하나요?

How long will the play go on?
→ 공연이 얼마 동안 진행될까요?

How often does this market open?
→ 이 시장이 얼마나 자주 열리나요?

How many languages does it support?
→ 몇 가지 언어가 지원되나요?

✅ **가장 많이 쓰는 여행 단어**

open to public 대중에게 개방된   **play** 공연   **go on** 지속하다, 계속하다   **support** 지원하다

한 번 더 짚고
넘어가야 할 단어

여행 지도
tourist map

시내 지도
city map

관광 명소
tourist attraction

입장료
admission fee

티켓
ticket

매표소
ticket counter

당일치기 관광
day trip

시티 투어
city tour

패키지 투어
package tour

자유 여행
self-guided tour

걸어서 **on foot**	걸어서 **by walking**
개장하다 **open**	폐장하다 **close**
개방된 **open to public**	미리 **in advance**
새치기하다 **cut in line**	표지판 **sign**
안내 방송 **announcement**	설명하다 **explain**

편의 시설 이용하기
(편의 시설)

15 편의 시설 이용하기
(편의 시설)

✅ **가장 많이 쓰는 필수 문장**

I'd like to **open an account.**

→ 계좌 개설하고 싶은데요.

I had better **use Express.**

→ 속달 우편으로 할게요.

I'm here to **pick up my laundry.**

→ 세탁물 가지러 왔어요.

Just a trim, please.

→ 약간만 다듬어주세요.

What time **is the next show?**

→ 다음 영화는 몇 시인가요?

은행

🔊 What can I help you with?
무엇을 도와드릴까요?

I'd like to open an account.

→ 계좌 개설하고 싶은데요.

Can I deposit 1,000 dollars into my account?

→ 제 계좌로 1,000달러 입금할 수 있나요?

I'd like to withdraw 300 dollars.

→ 저 300달러 출금하고 싶은데요.

I want to transfer 100 dollars to this account.

→ 이 계좌로 100달러 송금해 주세요.

Can you change Korean won to U.S dollars?

→ 한국 돈 달러로 환전 할 수 있나요?

✅ 가장 많이 쓰는 여행 단어

open an account 계좌를 열다   **account** 계좌   **deposit** 예치하다   **withdraw** 인출하다
transfer 송금하다   **change** 바꾸다, 환전하다

⒆ 우체국

🔊 **What's in the package?**

내용물이 뭔가요?

I'd like to send this package to Korea.

→ 이 소포 한국으로 보내고 싶어요.

How long does it take to get to Korea?

→ 한국 도착하는데 얼마나 걸릴까요?

I had better use Express.

→ 속달 우편으로 할게요.

Can I track it online?

→ 온라인으로 추적 가능한가요?

Does it include insurance?

→ 보험 포함되어 있나요?

✅ **가장 많이 쓰는 여행 단어**

package 소포 **Express** 속달, 급행 **track** 추적하다 **online** 온라인으로 **include** 포함하다

세탁소

🔊 **When would you come for the clothes?**
언제 찾으러 오실 예정인가요?

I'd like to get this cleaned.

→ 이거 세탁하고 싶어요.

I'd like to get this dry-cleaned.

→ 이거 드라이클리닝하고 싶어요.

I'd like to get this stain out.

→ 이 얼룩 좀 빼고 싶어요.

Could you have it done by Friday?

→ 금요일까지 해주실 수 있나요?

I'm here to pick up my laundry.

→ 세탁물 가지러 왔어요.

✅ **가장 많이 쓰는 여행 단어**

get ~ cleaned ~를 세탁하다   get ~ dry-cleaned ~를 드라이클리닝하다
get this stain out 이 얼룩을 빼다   stain 자국, 얼룩   have ~ done ~를 완수하다
pick up 가져가다   laundry 세탁물

131 이발소/미용실

How do you want it, sir?

어떻게 해드릴까요?

Just a trim, please.

→ 약간만 다듬어 주세요.

Just take a little off the sides, please.

→ 옆 부분만 좀 다듬어주세요.

I want my bangs cut short.

→ 앞머리 좀 짧게 잘라주세요.

I want to get a perm.

→ 파마 하고 싶어요.

Can you color my hair?

→ 염색할 수 있나요?

가장 많이 쓰는 여행 단어

trim 다듬기, 약간 자르기 take a little off 약간 자르다 take off 자르다 the sides 옆쪽, 측면
bangs 앞머리 get a perm 파마를 하다 perm 파마 color 염색하다

132 영화관

🔊 **It starts in 30 minutes.**
30분 후에 시작해요.

I want two tickets for this movie.
→ 이 영화로 2장 주세요.

How much is it for two adults?
→ 성인 2명은 얼마인가요?

What time is the next show?
→ 다음 영화는 몇 시 인가요?

What seats are available?
→ 어떤 좌석이 있어요?

I'd like a seat in the middle.
→ 중간 자리로 해주세요.

✅ **가장 많이 쓰는 여행 단어**

adult 성인   available 가능한   in the middle 가운데에 있는

한 번 더 짚고
넘어가야 할 단어

은행 계좌
account

개설하다
open

입금하다
deposit

출금하다
withdraw

송금하다
transfer

환전하다
change

속달 우편
Express

소포
package

추적하다
track

온라인으로
online

자국	찾아오다
stain	**pick up**

세탁물	다듬기
laundry	**trim**

자르다	머리 옆면
take off	**the sides**

앞머리	파마하다
bangs	**get a perm**

염색하다	가능한
color	**available**

긴급 상황 대처하기
(약국/병원/경찰서)

16 긴급 상황 대처하기
(약국/병원/경찰서)

✅ **가장 많이 쓰는 필수 문장**

I want to contact my embassy.

→ 대사관에 연락하고 싶어요.

Could you call an ambulance?

→ 구급차를 불러주시겠어요?

Do you have any band-aids?

→ 반창고 있나요?

I think someone took my bag.

→ 누군가가 제 가방 훔쳐간 거 같아요.

I'd like to file a police report.

→ 조서를 작성하고 싶어요.

위치 찾기

🔊 **Turn right at the second light.**
두 번째 신호등에서 우회전 하세요.

Where's the nearest clinic?

→ 가장 가까운 의원은 어디인가요?

Where's the nearest pharmacy?

→ 가장 가까운 약국은 어디인가요?

Where's the nearest dental clinic?

→ 가장 가까운 치과는 어디인가요?

Where's the nearest police station?

→ 가장 가까운 경찰서는 어디인가요?

Where's the Korean embassy?

→ 한국대사관은 어디인가요?

✅ **가장 많이 쓰는 여행 단어**

the nearest 가장 가까운   clinic 병원, 의원   pharmacy 약국   dental clinic 치과
police station 경찰서   embassy 대사관

연락처 찾기

🔊 **Sure, just a second.**
네, 잠시만요.

Would you **connect me to Korean embassy?**

→ 한국대사관에 연결 좀 시켜주시겠어요?

Can you **get me my insurance company?**

→ 보험 회사 연결해주실래요?

I want to **contact my embassy.**

→ 대사관에 연락하고 싶어요.

Could you **call an ambulance?**

→ 구급차를 불러주시겠어요?

Dial 911, please.

→ 긴급 구조 요청해주세요.

✅ **가장 많이 쓰는 여행 단어**

connect 연결시키다 **embassy** 대사관 **ambulance** 구급차 **dial** 전화 걸다

135 감기 증상 - 1

🔊 How do you feel?
몸은 좀 어떠신가요?

I've got a cold for a week.

→ 감기 걸린 지 일주일 됐어요.

I think I have the flu.

→ 독감에 걸린 것 같아요.

I'm coming down with a cold.

→ 감기 걸릴 것 같아요.

I've caught a cold from my friend.

→ 친구에게 감기 옮았어요.

I am here for the flu.

→ 독감 때문에 병원에 왔어요.

✓ 가장 많이 쓰는 여행 단어

get a cold 감기 걸리다   **have the flu** 독감에 걸리다   **come down with ~** ~ (가벼운) 병에 걸리다
catch a cold 감기 걸리다   **flu** 독감 바이러스

136 감기 증상 – 2

🔊 **Let me check your temperature.**
체온을 재보겠습니다.

I have a fever of 100 degrees.
→ 열이 화씨 100도예요.

I have a sore throat.
→ 목이 아파요.

I have the chills.
→ 오한이 있어요.

I have a runny nose.
→ 콧물이 계속 나와요.

I can't stop coughing.
→ 기침이 계속 나와요.

✓ 가장 많이 쓰는 여행 단어

have a fever 열이 있다　fever 열　sore 아픈, 화끈거리는　throat 목구멍　chills 오한
runny nose 콧물이 흐르는 코　cough 기침하다
* 화씨, 섭씨 변환법 : ℉ = 9/5℃ + 32

🔊 **What are your symptoms?**
증상이 어떤가요?

I've got a cramp in my legs.

→ 다리에 쥐가 났어요.

I have a dull pain in my chest.

→ 가슴에 약한 통증이 있어요.

I have a sharp pain in my wrist.

→ 손목이 쿡쿡 쑤셔요.

I have a throbbing pain in my back.

→ 허리가 지끈지끈 아파요.

I am aching all over.

→ 전신이 쑤셔요(근육).

✅ **가장 많이 쓰는 여행 단어**

get a cramp 쥐나다 **cramp** 경련 **dull pain** 약한 통증 **dull** 둔한, 흐릿한 **chest** 가슴 흉부
sharp pain 심한 통증, 쿡쿡 찌르는 듯한 통증 **throb** 욱신거리다, 지끈거리다 **throbbing** 지끈거리는
throbbing pain 지끈거리는 통증 **back** 등 **ache** 아프다, 쑤시다 **all over** 온 몸에, 전체에

138 관절통

🔊 **How did it happen?**
어쩌다가 그렇게 되었나요?

I've injured myself.

→ 저 다쳤어요.

I've twisted my ankle.

→ 발목을 접질렸어요.

I've sprained my wrist.

→ 손목을 접질렸어요.

I've dislocated my left arm.

→ 왼쪽 팔이 탈골되었어요.

I've hurt my knees.

→ 무릎을 다쳤어요.

✅ 가장 많이 쓰는 여행 단어

injure 부상을 입다 twist 비틀다, 구부리다 ankle 발목 sprain 삐다, 접지르다
wrist 손목, 팔목 dislocate 탈구시키다 knee 무릎

피부 상처

🔊 **Some medication will help you.**
약 좀 드시면 괜찮아질 거예요.

The scar on my finger is too deep.

→ 손가락에 상처가 너무 깊이 났어요.

I think some bug bit me.

→ 어떤 벌레에게 물린 거 같아요.

I am black and blue all over.

→ 온몸에 멍이 들었어요.

I have a rash on my face.

→ 얼굴에 두드러기가 났어요.

I feel itchy all over.

→ 온몸이 가려워요.

✅ **가장 많이 쓰는 여행 단어**

scar 상처   bug 벌레, 작은 곤충   bite-bit-bitten 물다   be black and blue 멍들다
all over 전체, 온몸에   have a rash 두드러기가 나다   rash 발진   itchy 가려운, 가렵게 하는

소화기 장애

🔊 **How long have you been that way?**
그 상태는 얼마나 지속되었나요?

I have indigestion.

→ 소화가 안 돼요.

I have a stomachache.

→ 배가 아파요.

I have diarrhea.

→ 설사해요.

I feel like throwing up.

→ 토할 것 같아요.

I have heartburn.

→ 속이 쓰려요.

✅ **가장 많이 쓰는 여행 단어**

indigestion 소화 불량   digestion 소화   stomachache 위통, 복통   diarrhea 설사
throw up 게우다, 토하다   heartburn 속쓰림

이비인후과 증상

🔊 **Have you had this before?**
전에도 이런 적 있었나요?

I have a sty in my eye.
→ 눈에 다래끼가 났어요.

I have a terrible toothache.
→ 치통이 심해요.

I have a stuffy nose.
→ 코가 막혔어요.

I need some eye drops to help my dry eyes.
→ 건조한 눈을 위한 안약이 필요해요.

I feel something is in my ears.
→ 귀에 뭐가 들어간 것 같아요

✅ **가장 많이 쓰는 여행 단어**

sty 다래끼 terrible 심각한 toothache 치통 stuffy 답답한, 꽉 막힌 eye drop 안약, 점안약

두통

🔊 Are you taking any medication?

드시고 있는 약이 있나요?

I always have a headache.

→ 전 두통을 늘 달고 다녀요.

I have a throbbing headache.

→ 머리가 지끈거려요.

I feel dizzy.

→ 어지러워요.

I feel my head spinning.

→ 머리가 빙빙 돌아요.

I need some pills to stop my headache.

→ 제 두통을 잠재울 약이 필요해요.

✅ 가장 많이 쓰는 여행 단어

headache 두통   **throb** 욱신거리다, 지끈거리다   **throbbing** 지끈거리는   **dizzy** 어지러운, 아찔한
spin 빙빙 돌다   **pill** 알약

사고

🔊 **How did it happen?**

어쩌다가 그렇게 되었나요?

I've hurt my neck in a traffic accident.

→ 교통사고로 목이 다쳤어요.

I am here to report a hit-and-run.

→ 뺑소니를 신고하러 왔어요.

I am shocked.

→ 충격받았어요.

I have been trapped in the elevator for one hour.

→ 한 시간째 엘리베이터에 갇혀 있어요.

There was a blackout.

→ 정전이었어요.

✅ **가장 많이 쓰는 여행 단어**

neck 목 report 신고하다 hit-and-run 뺑소니(사건) trap 가두다
be trapped in ~ ~에 갇히다 blackout 정전

약국

🔊 Do you have the prescription?
처방전을 가지고 계신가요?

Do you have any band-aids?

→ 반창고 있나요?

How do I take this medicine?

→ 이 약은 어떻게 복용하나요?

Is this over the counter?

→ 이거 처방전 필요 없는 건가요?

Are there any side effects?

→ 부작용은 없나요?

I'm allergic to this drug.

→ 이 약에 알레르기가 있어요.

✅ 가장 많이 쓰는 여행 단어

prescription 처방전   band-aid 반창고   take medicine 복용하다
over the counter 일반의약품, 처방전이 필요 없는 약   side effect 부작용
be allergic to ~ ~에 알레르기가 있다   drug 약

병원

🔊 He is seeing another patient now.
지금 다른 환자를 보고 계세요.

Do you take walk-ins?

→ 예약 없는 환자도 받나요?

I'd like to see a doctor.

→ 진료 받고 싶어요.

Can I get a doctor's note?

→ 진단서 받을 수 있나요?

Do I need to be hospitalized?

→ 입원해야 하나요?

Do I need to take any surgery?

→ 수술해야 하나요?

✅ **가장 많이 쓰는 여행 단어**

walk-in 예약이 안 된   **see a doctor** 진료 받다   **doctor's note** 의료 진단서
hospitalize 입원시키다   **be hospitalized** 입원하다   **take surgery** 수술하다

분실 - 1

🔊 **You should visit the police station.**
경찰서로 가보세요.

I think my briefcase is missing.
→ 제 가방이 없어진 것 같아요.

I think I left my passport in the train.
→ 기차에 여권을 두고 내린 것 같아요.

I think I lost my ticket.
→ 차표를 잃어버린 것 같아요.

I think I lost my valuables.
→ 귀중품을 잃어버린 것 같아요.

I think I lost my card.
→ 카드를 잃어버린 것 같아요.

briefcase 서류 가방   valuable 귀중품

분실 - 2

🔊 When did you last see it?
마지막으로 본 게 언제인가요?

I can't remember where I left it.

→ 어디에 놨는지 기억이 안 나요.

I'm not sure where I lost it.

→ 어디서 잃어버렸는지 확실하지가 않아요.

I don't know where it is.

→ 어디 있는지 모르겠어요.

Can you help me find it?

→ 같이 찾아주실래요?

Please cancel my credit card.

→ 제 카드 정지해주세요.

✓ 가장 많이 쓰는 여행 단어

where I left it 내가 놔둔 곳   where I lost it 내가 잃어버린 곳   where it is 그것이 있는 곳

도난 - 1

🔊 **Can you describe it for me?**
저에게 설명해주시겠어요?

I think **someone took my bag.**

→ 누군가가 제 가방 훔쳐간 거 같아요.

I think **I was robbed of my wallet.**

→ 지갑 도둑맞은 거 같아요.

I think **my camera was stolen.**

→ 카메라 도난당한 거 같아요.

I think **I had my pocket picked.**

→ 소매치기 당한 거 같아요.

I think **somebody snatched my camera.**

→ 누가 제 카메라를 훔쳐간 것 같아요.

✅ **가장 많이 쓰는 여행 단어**

take 가져가다   be robbed of ~ ~을 도둑 맞다   be stolen 도난 당하다
have ~ picked ~를 소매치기 당하다   snatch 잡아채다 낚아채다

도난 - 2

🔊 **When did it happen?**
언제 일어난 일인가요?

I want to **report a theft.**

→ 도난 신고하고 싶어요.

Where can I get a CCTV record?

→ 어디서 CCTV 기록을 볼 수 있을까요?

I am **staying until Friday, please call me.**

→ 저는 금요일까지 머물러요, 전화주세요.

I'd like to **claim damages on a theft.**

→ 도난에 대해 손해 배상 청구를 하고 싶어요.

Please **call the police.**

→ 경찰 불러주세요.

✅ **가장 많이 쓰는 여행 단어**

report 신고하다 **a theft** 도난 사건 **CCTV** 폐쇄 회로 (Closed-Circuit TeleVision) **record** 기록
claim 요청하다, 청구하다 **damage** 손해

경찰서

🔊 **What can I help you with?**
무엇을 도와드릴까요?

I need someone who can speak Korean.

→ 한국어 하는 사람이 필요해요.

I'm lost and I need your help.

→ 길을 잃었어요. 도와주세요.

Can you issue the theft report?

→ 도난 증명서 발급해주시겠어요?

I'd like to file a police report.

→ 분실물 신고서를 작성하고 싶어요.

Please contact the Korean embassy.

→ 대사관에 연락 부탁드립니다.

✅ **가장 많이 쓰는 여행 단어**

lost 길을 잃다   issue 발급   the theft report 도난 증명서   file 작성하다
police report 조서, 분실물 신고서   contact 연락하다, 접촉하다

긴급 상황 시 꼭 알아두어야 할 TIP

긴급 상황을 대비하는 요령

1. **여행 전 준비**

   1) 여권 – 반드시 6개월 이상 남았는지 확인하세요. 현지에서 분실 시 재발급 받아야 하므로 복사본을 챙겨두고 여권 사진도 여러 장 준비해둡시다.

   2) 여행자 보험 – 여행자 보험은 반드시 들어야 합니다. 특히 여행 상품이 다양해져서 체험 위주의 여행이 늘기 때문에 그로 인해 크고 작은 사고를 당하는 경우가 많습니다.

   3) 의약품 – 외국 음식이 몸에 맞지 않아 탈이 나는 경우가 가장 많습니다. 설사약과 소화제는 반드시 챙깁시다. 또한 많이 걷게 되므로 반창고도 여유 있게 챙기시기 바랍니다. 급할 때 구하려고 하면 없는 품목들입니다.

   4) 날씨에 맞는 옷차림 – 해외 여행에서 가장 걸리기 쉬운 질병이 감기입니다. 특히 미주나 유럽의 경우 일교차가 심하므로 겉옷이나 스카프를 챙깁시다.

2. **긴급 상황 발생 시**

   현지 도착 즉시 로밍을 켜면 핸드폰에 영사관부터 비상 연결 번호가 메시지로 뜰 겁니다. 삭제하지 마시고 반드시 저장해두세요. 소지품 도난 시나 분실 시에는 가까운 경찰서에서 무조건 'police report'를 작성해 달라고 하세요. 보험 처리 시 필요합니다.

   병원에 갈 경우 역시 'doctor's note'를 원본으로 받고 진료비 영수증을 챙기세요. 역시 보험 적용을 받을 수 있습니다. 의사 진단이 필요 없는 경우, 24시간 약국을 이용해서 약품을 구입하시면 됩니다. 당황하지 맙시다.

한 번 더 짚고 넘어가야 할 단어

병원 **clinic**	약국 **pharmacy**
경찰서 **police station**	대사관 **embassy**
구급차 **ambulance**	전화하다 **dial**
연결하다 **connect**	연락처 **contact number**
긴급 구조 전화를 하다 **call 911**	심폐소생술 **CPR**

감기에 걸리다	독감에 걸리다
get a cold	**have the flu**
감기 기운이 있다	감기에 걸리다
come down	**catch a cold**
열	아픈, 화끈거리는
fever	**sore**
목구멍	오한
throat	**chills**
콧물이 흐르는 코	기침하다
runny nose	**cough**

쥐, 경련
cramp

경미한
dull

쿡쿡 쑤시는
sharp

욱신거리다
throb

상처
scar

벌레물림
bug bite

가려움을 느끼다
feel itchy

안약
eye drops

소화 불량
indigestion

복통
stomachache

두통	치통
headache	**toothache**

설사	속쓰림
diarrhea	**heartburn**

멍 든	다래끼가 나다
black and blue	**have a sty**

꽉 막힌	두드러기가 나다
stuffy	**have a rash**

어지러운	빙빙 도는
dizzy	**spinning**

뺑소니	정전
hit-and-run	**blackout**

반창고	처방전 필요 없는 약
band-aid	**over the counter**

부작용	알레르기가 있는
side effects	**allergic**

진단서	입원하다
doctor's note	**be hospitalized**

귀중품	도난당하다
valuables	**be robbed**

도난당하다	잡아채다
be stolen	**snatch**
신고하다	폐쇄 회로
report	**CCTV**
손해	청구하다
damage	**claim**
발급하다	작성하다
issue	**file**
도난 증명서	조서
theft report	**police report**

NEXT STEP

수고하셨습니다.

이제 다음 단계에서는 일상생활의 모든 표현을
영어로 자유롭게 말해봅시다.

'가장 많이 쓰는 시리즈'
『일빵빵 가장 많이 쓰는 생활영어』
에서 만나요!